Noureddine Aribi

Élicitation des paramètres en optimisation multicritère

Noureddine Aribi

Élicitation des paramètres en optimisation multicritère

Approches exactes et goutonnes

Presses Académiques Francophones

Impressum / Mentions légales

Bibliografische Information der Deutschen Nationalbibliothek: Die Deutsche Nationalbibliothek verzeichnet diese Publikation in der Deutschen Nationalbibliografie; detaillierte bibliografische Daten sind im Internet über http://dnb.d-nb.de abrufbar.
Alle in diesem Buch genannten Marken und Produktnamen unterliegen warenzeichen-, marken- oder patentrechtlichem Schutz bzw. sind Warenzeichen oder eingetragene Warenzeichen der jeweiligen Inhaber. Die Wiedergabe von Marken, Produktnamen, Gebrauchsnamen, Handelsnamen, Warenbezeichnungen u.s.w. in diesem Werk berechtigt auch ohne besondere Kennzeichnung nicht zu der Annahme, dass solche Namen im Sinne der Warenzeichen- und Markenschutzgesetzgebung als frei zu betrachten wären und daher von jedermann benutzt werden dürften.

Information bibliographique publiée par la Deutsche Nationalbibliothek: La Deutsche Nationalbibliothek inscrit cette publication à la Deutsche Nationalbibliografie; des données bibliographiques détaillées sont disponibles sur internet à l'adresse http://dnb.d-nb.de.
Toutes marques et noms de produits mentionnés dans ce livre demeurent sous la protection des marques, des marques déposées et des brevets, et sont des marques ou des marques déposées de leurs détenteurs respectifs. L'utilisation des marques, noms de produits, noms communs, noms commerciaux, descriptions de produits, etc, même sans qu'ils soient mentionnés de façon particulière dans ce livre ne signifie en aucune façon que ces noms peuvent être utilisés sans restriction à l'égard de la législation pour la protection des marques et des marques déposées et pourraient donc être utilisés par quiconque.

Coverbild / Photo de couverture: www.ingimage.com

Verlag / Editeur:
Presses Académiques Francophones
ist ein Imprint der / est une marque déposée de
OmniScriptum GmbH & Co. KG
Heinrich-Böcking-Str. 6-8, 66121 Saarbrücken, Deutschland / Allemagne
Email: info@presses-academiques.com

Herstellung: siehe letzte Seite /
Impression: voir la dernière page
ISBN: 978-3-8381-4751-2

Zugl. / Agréé par: Nice, Université Nice Sophia Antipolis, 2014

Remerciements

Cette thèse de doctorat a été réalisée dans le cadre d'une convention de cotutelle entre l'Université Nice Sophia Antipolis - France et l'Université d'Oran – Algérie, avec le soutien financier du projet de coopération franco-algérien CMEP/TASSILI. Les travaux de recherche qui font l'objet de ce manuscrit ont été réalisés sur deux sites : en France, au sein du laboratoire I3S (UNSA/CNRS) et en Algérie, dans le laboratoire LITIO.

Je remercie très chaleureusement mon directeur de thèse en France, Jean-Charles Régin, qui, malgré ses nombreuses occupations, a accepté de prendre la direction de cette thèse en cours de route, transformant ainsi les difficultés rencontrées en une expérience enrichissante. Je le remercie pour le temps et la patience qu'il m'a accordés tout au long de ces années, pour ses conseils précieux, et ses commentaires toujours judicieux.

Je tiens aussi à remercier vivement mon directeur de thèse en Algérie, Yahia Lebbah, qui a su diriger mes travaux avec beaucoup de disponibilité, de tact et d'intérêt. Il m'a fourni de bonnes conditions de travail, et il m'a toujours accordé généreusement le temps nécessaire pour partager avec moi ses idées et son expérience. Je lui en suis également reconnaissant de m'avoir assuré un encadrement rigoureux tout au long de ces années, tout en me donnant toutefois l'opportunité de trouver par moi-même mon propre cheminement.

J'adresse mes sincères remerciements aux Messieurs Patrice Perny et Patrice Boizumault d'avoir accepté de rapporter ma thèse. Vos remarques constructives et vos conseils précieux m'ont beaucoup aidé à

1

améliorer davantage la qualité de ce travail. Soyez assurés, messieurs, de mon estime et de ma profonde gratitude.

Je désire exprimer toute ma gratitude à Monsieur Michel Rueher pour avoir accepté de juger ce travail et d'en présider le jury de ma soutenance mais également pour tous ses conseils toujours pertinents et attentifs. Que vous soyez assuré de mon entière reconnaissance.

Un merci special est adressé à Monsieur Olivier Lhomme qui m'a honoré en acceptant d'examiner cette thèse. Son analyse soignée, ses suggestions, sa clairvoyance, et ses critiques toujours judicieuses et rigoureuses m'ont beaucoup appris. Il est vraiment difficile de trouver des qualificatifs assez forts pour souligner ses compétences, sa gentillesse, sa patience et son humilité. Je lui adresse mes sentiments les plus respectueux.

Je suis aussi redevable à la contribution de mes collègues qui ont accepté avec beaucoup d'ouverture, de participer à la relecture de ce manuscrit. Je leur en suis extrêmement reconnaissant.

Je souhaite remercier très chaleureusement tous les membres de l'équipe CeP du laboratoire I3S et les membres de l'équipe PCO du laboratoire LITIO (que je ne citerai point, de peur d'en oublier) pour la sympathie et l'aide qu'ils m'ont témoignées durant ces années de thèse.

Je remercie aussi tous les membres du personnel de l'I3S et du LITIO qui ont mis tout en œuvre pour que ma thèse se déroule dans les meilleures conditions possibles.

Mes remerciements vont également à mes collègues de bureau et amis autant pour les moments d'échange scientifique que pour l'ambiance de travail agréable. Vous m'avez tous solidement soutenu par votre encouragement, et vos prières.

Mes remerciements seraient incomplets, si je ne fais pas mention de mes parents, qui m'ont constamment encouragé et soutenu comme d'habitude. Si j'en suis là aujourd'hui, c'est grâce à vous. Je vous suis infiniment reconnaissant de l'éducation et des valeurs que vous m'avez transmises. Je ne saurai passer sous silence l'apport inestimable de ma belle famille exceptionnelle et les membres de la grande famille, mes frères surtout, qui m'ont soutenue, de près ou de loin durant mes études doctorales.

Les mots me manquent pour remercier, à sa juste valeur, ma vertueuse épouse, Najoua Taleb, pour sa patience, ses prières, ses soutiens moral et psychologique indispensables pour réussir cette thèse et pour avoir cru en mes capacités intellectuelles. J'espère qu'elle trouvera dans ces quelques lignes le reflet de l'estime et de la reconnaissance que j'ai envers elle. C'est également le moment d'exprimer ma gratitude à ma fille Ranime et mon bébé Louaï Abdallah pour l'amour qu'ils me témoignent et pour la part certaine qu'ils ont joué dans la réalisation de cette thèse.

Merci enfin au lecteur qui par essence justifie la rédaction de ce manuscrit.

Cette page est laissée blanche intentionnellement

Table des matières

1. Introduction

L'optimisation multicritère a de nombreuses applications dans divers domaines, tels que les télécommunications, l'aéronautique, les finances, le transport, la conception d'automobiles, etc. Elle implique une optimisation de plusieurs critères (objectifs) selon lesquels la qualité des solutions est mesurée. Ces critères sont généralement incommensurables et contradictoires (e.g. minimiser les coûts et maximiser la productivité). La modélisation multicritère offre une grande flexibilité pour aborder des problèmes ayant plusieurs critères contradictoires, que le décideur cherche à optimiser simultanément. Il est donc rare, voire impossible de trouver une solution qui optimise simultanément tous les critères. L'objectif est de fournir au décideur DM (*Decision Maker*) une solution de *compromis* au lieu d'une solution *optimale*. Une question se pose donc sur la manière d'obtenir cette solution de compromis.

Dans la littérature on peut distinguer deux approches[1] destinées à résoudre ce type de problèmes : (i) l'approche par agrégation et (ii) l'approche par surclassement. Dans le cadre de cette thèse, nous nous intéressons à l'approche par agrégation. La stratégie adoptée dans cette approche, consiste à chercher de différentes manières à combiner tous les critères en un seul critère de synthèse. Cependant, le choix d'une méthode multicritère bien adaptée à un problème donné est lui-même un problème compliqué qui doit être mené avec prudence, car l'utilisation de méthodes inappropriées est souvent la cause principale

---

1. Voir la section 2.1.2.

des décisions non adaptées. Par ailleurs, même si on suppose que le DM s'intéresse à une méthode multicritère bien précise, différents paramètres (e.g., permutations, poids, fonctions d'utilité, etc.) doivent être déterminés soigneusement, soit pour identifier la meilleure solution (meilleur compromis), ou bien pour ordonner l'ensemble des solutions réalisables (alternatives). L'inconvénient de ces méthodes d'agrégation multicritères est leur sensibilité aux paramètres choisis. Les solutions trouvées dépendent donc fortement de ces paramètres.

En somme, la transformation du problème multicritère en un problème mono-critère nécessite des connaissances à priori sur le problème traité. Ces connaissances sont fournies par le décideur sous forme d'informations préférentielles (obtenues à l'issue d'un processus d'élicitation des préférences) sur quelques solutions réalisables. Cette thèse se focalise sur la proposition d'approches traduisant ces informations en paramètres, de telle sorte que nous respections (au mieux) les préférences initiales.

1.1. Problématique d'élicitation des paramètres

Le choix le plus approprié d'une méthode d'agrégation bien adaptée à un problème multicritère est un problème compliqué et repose sur plusieurs aspects. Nous citons entre autres :

- La garantie d'avoir des solutions optimales.
- La facilité de mise en œuvre.
- La complexité du calcul.
- La recherche d'une solution équilibrée.
- etc.

Il s'avère qu'il n'est pas possible de réunir tous ces aspects en une seule méthode. En outre, s'il est difficile de trouver une méthode bien adaptée à un problème donné, il est encore plus difficile de la paramétrer. Justement, une approche d'élicitation des paramètres permet de trouver automatiquement les valeurs des paramètres d'une méthode multicritère donnée qui restituent (au mieux) les préférences du décideur.

Nous considérons les méthodes multicritères suivantes, en mentionnant les questions essentielles abordées dans cette thèse :

1. La méthode habituelle basée sur l'optimisation avec un ordre lexicographique entre les critères, a le mérite d'être simple à mettre en œuvre. Son temps d'exécution étant raisonnable (cf. [Marler et Arora, 2004 ; Le Berre *et al.*, 2012]). De plus, les solutions calculées sont **Pareto**-optimales.

   Notez que pour un problème multicritère ayant n critères, nous avons $n!$ permutations possibles. Ainsi, l'espace des paramètres (permutations) possibles a une taille exponentielle suivant le nombre de critères. *Comment trouver le meilleur ordre, sans énumérer toutes les possibilités ?*

2. La méthode de la somme pondérée (ordinaire ou ordonnée), dite d'utilité additive, est une approche plus évoluée qui consiste à pondérer les critères (ordonnées dans le cas de la méthode **OWA**) en leur associant des coefficients. La méthode de la somme pondérée ordinaire garantit que la solution optimale trouvée soit **Pareto**-optimale, à condition que les poids soient positifs (cf. [Gräbener et Berro, 2008]). La méthode **OWA** permet de découvrir des solutions non-supportées [2] en cas de non-convexité du front de **Pareto**.

   Vue la nature des préférences parfois contradictoires, il n'est pas toujours possible de trouver une pondération qui satisfait toutes les contraintes modélisant les préférences du décideur. *Comment trouver une pondération respectant au mieux les préférences ?*

3. La Méthode **Leximin** est une méthode qui calcule des solutions

---

2. Voir la section 2.2.1.

équilibrées et **Pareto**-optimales. Cependant, elle suppose que tous les critères sont commensurables. Les paramètres de la méthode **Leximin** sont définis sous forme de fonctions appelées fonctions d'utilité, où chaque fonction d'utilité est associée à un critère. *Comment établir ces fonctions d'utilité à partir des préférences ?* Un modèle par Programmation Par Contraintes (**PPC**) de la méthode **Leximin** a été initié par [Bouveret et Lemaître, 2009]. En appliquant ce modèle, les valeurs des critères des alternatives comportent plusieurs solutions symétriques, notamment à cause de l'utilisation d'une opération de tri. *Comment peut on casser cette symétrie dans le cadre PPC ?*

Sans être exhaustif[3], nous avons illustré les avantages des méthodes de résolution décrites succinctement ci-dessus, en mettant l'accent sur la difficulté de leur paramétrage.

Les réponses à ces questions doivent être contextualisées dans le domaine de l'élicitation en décision multicritère où plusieurs méthodes ont été proposées. En effet, l'élicitation de l'opérateur lexicographique a été abordée dans plusieurs travaux : [Booth *et al.*, 2010] proposent une classification des relations de préférence en supposant un ordre lexicographique ; [Dombi *et al.*, 2007] proposent un algorithme dédié pour éliciter l'ordre entre les critères ; [Kohli et Jedidi, 2007] présentent une analyse détaillée sur l'opérateur lexicographique, notamment des conditions pour qu'une fonction d'utilité linéaire puisse représenter un ordre lexicographique, tout en proposant un algorithme pour inférer le modèle de l'ordre lexicographique. La problématique d'élicitation dans le modèle d'utilité additive a été abordée avec plusieurs approches. Nous citons la méthode **UTA** (UTilité Additive) de Jacquet-Lagrèze et Siskos [Jacquet-Lagreze et Siskos, 1982] ainsi que ses différentes variantes [Jacquet-Lagrèze, 1990 ; Greco *et al.*, 2003 ; Figueira *et al.*, 2009] (e.g., **Prefcalc**, **UTA**^{GMS}, **Grip**), pour construire

---

3. Une étude complète et détaillée d'une variété de méthodes multicritères est présentée dans la synthèse [Marler et Arora, 2004].

les fonctions d'utilité additive. Notons aussi les travaux de Boutillier et al. [Wang et Boutilier, 2003] pour construire les fonctions d'utilité dans un modèle probabiliste. Les systèmes **ARIADNE** [Sage et White, 1984] et **AHP** [Saaty, 1980] ont donné lieu à plusieurs travaux sur la pondération des critères.

En somme, après le choix d'une méthode multicritère, différents paramètres (permutation, poids, fonctions d'utilité, etc.) doivent être déterminés. Nous donnons ci-dessous un exemple[4] qui illustre justement la difficulté de la fixation des paramètres dans la méthode de la somme pondérée ordinaire.

Exemple 1.1. *Supposons que l'on souhaite maximiser deux critères. La figure 1.1 présente l'ensemble des solutions réalisables dans l'espace des critères. Dans cette figure, il est clair que la solution d ne sera jamais choisie car elle est dominée par la solution b sur les deux critères.*

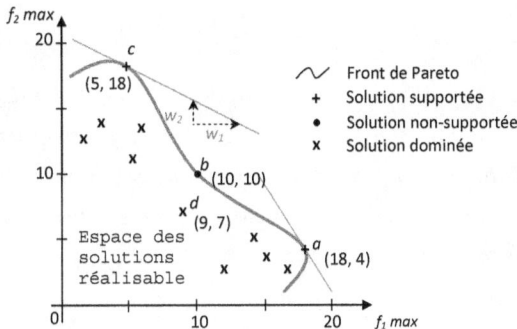

FIGURE 1.1.: Illustration graphique des solutions réalisables de la méthode de la moyenne pondérée.

Supposons que le décideur opte pour la méthode de la moyenne pondérée pour agréger les deux critères, avec w_1 et w_2 comme coefficients de poids. En faisant varier le vecteur des poids $w = \langle w_1, w_2 \rangle$, nous

---

4. http ://www.dptinfo.ens-cachan.fr/Conferences/vanderpooten.pdf

1. Introduction

pouvons trouver seulement les solutions efficaces (i.e., supportées) se trouvant dans les zones convexes de la surface de compromis (front de Pareto). Dés lors, un solveur mono-critère va faire converger la solution de ce problème bi-critère vers les solutions a ou c.

Considérons les préférences du décideur $b \succ a$ et $b \succ c$, et cherchons un jeu de poids tel que b émerge la première (comme compromis acceptable). Le système d'équations associé aux préférences du décideur est donné par :

$$\begin{cases} b \succ a : & 18w_1 + 4(1 - w_1) < 10w_1 + 10(1 - w_1) \\ b \succ c : & 5w_1 + 18(1 - w_1) < 10 \end{cases} \qquad (1.1)$$

En développant (1.1), nous obtenons

$$\begin{cases} b \succ a : & 14w_1 + 4 < 10 \\ b \succ c : & -13w_1 + 18 < 10 \end{cases} \qquad (1.2)$$

qui se réduit à $w_1 < 0.43$ et $w_1 > 0.61$, ce qui est impossible. Il en résulte qu'aucun jeu de poids ne pourra faire émerger la solution b comme optimale. Cette situation se manifeste lorsque le décideur est intéressé par une solution se trouvant dans les zones concaves du front de Pareto (voir la figure 1.1).

De plus, nous illustrons ci-dessous qu'une légère perturbation des valeurs des poids, peut entrainer des solutions totalement différentes. En effet, avec

- *$w_1 = 0.52$ et $w_2 = 0.48$, la solution de compromis qui émerge est la solution a.*
- *Alors qu'en choisissant $w_1 = 0.51$ et $w_2 = 0.49$, la solution de compromis bascule vers la solution extrême c.*

Cet exemple montre, d'une part, la difficulté de la tâche du paramétrage, et d'autre part, l'intérêt de développer des approches d'élicitation permettant de trouver automatiquement les valeurs des paramétres qui restituent (au mieux) les préférences du décideur.

Aussitôt que la nécessité de paramétrer les méthodes multicritères apparait, il devient nécessaire de proposer et de construire des modèles d'élicitation, afin de fixer automatiquement ces paramètres.

Les modèles d'élicitation des paramètres que nous proposons s'appuient essentiellement sur la disponibilité d'une information additionnelle qui reflète les préférences du décideur. Ces informations peuvent être obtenues soit par des techniques traditionnelles : entrevues ou questionnaires, introspection, analyse du problème, etc. (cf. [Beliakov, 2003]), soit par une procédure d'*élicitation des préférences*.

L'objectif de ce travail de thèse ne se focalise pas sur la manière d'obtenir ces informations préférentielles, mais plutôt sur la manière de les exploiter à travers nos approches d'élicitation des paramètres des méthodes multicritères.

1.2. Contributions

Le paramétrage représente donc une faiblesse évidente des méthodes multicritères. Cette difficulté motive amplement l'intérêt de développer des méthodes d'élicitation des paramètres permettant au décideur de fixer les paramètres automatiquement ou d'une manière assistée. Les modèles que nous proposons permettent de transformer un ensemble d'informations préférentielles donné par le DM, en un ensemble de paramètres pour la méthode multicritère choisie. Il faut noter que dans nos travaux, nous nous concentrons uniquement sur la façon d'exploiter les préférences du décideur, plutôt que sur la façon de les obtenir.

La figure 1.2 donne un schéma général qui résume notre démarche d'élicitation des paramètres en optimisation multicritère. Dans un premier temps, nous introduisons :

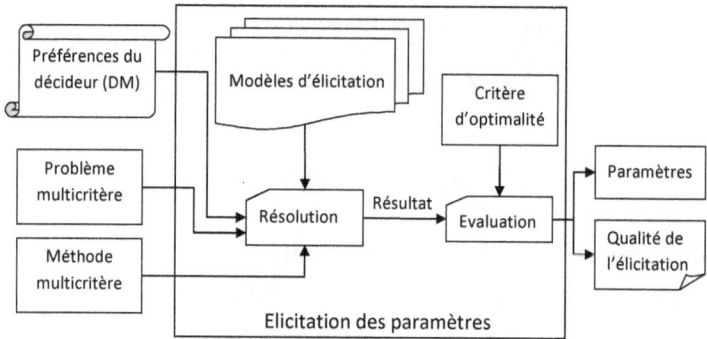

FIGURE 1.2.: Méthodologie pour l'élicitation des paramètres des méthodes multicritères.

- Les données du problème multicritère (i.e., critères, alternatives, valeurs agrégées (ou *outcomes*), etc.),
- La méthode multicritère que nous voulons paramétrer (e.g., Lexicographique, la somme pondérée, **Lexmin**, etc.), et
- Les relations de préférence exprimées par le décideur.

Ensuite, nous proposons quelques approches d'élicitation, en particulier les approches exactes [Aribi et Lebbah, 2013b] et gloutonnes [Aribi et Lebbah, 2013d ; Aribi et Lebbah, 2013c]. Ces approches sont détaillées dans les chapitres 4 et 5 respectivement. Les motivations derrière la diversification de ces approches sont :

- D'une part, les méthodes exactes sont réputées pour l'optimalité des solutions qu'elles fournissent. Cependant, pour certains problèmes, le temps de calcul (pour prouver l'optimalité) peut être couteux. Concrètement, nous exprimons le problème d'élicitation des paramètres dans le cadre de la programmation par contraintes (**PPC**) [Rossi *et al.*, 2006], ou la programmation linéaire en nombres entiers (**PLNE**) [Hooker, 2012 ; Teghem, 2012]. Le modèle **PPC** repose sur l'expressivité des contraintes globales (e.g., **All-different**, **Element**, **Atleast** et **LexLe**) [Régin, 1994 ; Régin, 2011 ; Hentenryck, 1989 ; Beldiceanu *et al.*, 2007], et la puissance de leurs algorithmes de filtrage. Pour le type de problèmes que nous sommes entrain d'étudier, il n'est pas toujours possible de trouver une affectation des variables qui satisfait toutes les contraintes modélisant les préférences du décideur. Pour cette raison, nous avons réifié (relaxé) ces contraintes, en adoptant un critère simple qui consiste à minimiser le nombre de contraintes violées. Ces problèmes sont appelés **max-CSP**. Par ailleurs, nous avons proposé des modèles d'optimisation **PLNE**, dont certains d'entre eux reposent sur des reformulations linéaires des modèles **PPC** (voir la section 4.2.2). Pour effectuer ces reformulations, nous nous sommes basés principalement sur les travaux de [Refalo, 2000], sur les techniques de reformulation linéaire des modèles à contraintes.

- D'autre part, les méthodes gloutonnes sont utilisées pour leur rapidité. Ces méthodes fournissent généralement des solutions robustes, qui constituent un compromis entre la qualité de la solution et le temps de résolution. Celles que nous avons développées (voir le chapitre 5) sont basées sur des techniques et des mesures statistiques. Il est parfois nécessaire d'utiliser les deux méthodes (exacte et gloutonne) conjointement, car la méthode gloutonne peut donner une borne utile pour booster la recherche exacte.

Sur la base de ces choix, le décideur a toute la liberté d'adopter l'approche qu'il trouve adaptée à ses exigences. Dans cette optique, si le décideur veut avoir rapidement des solutions robustes, il est plus judicieux de choisir une approche gloutonne. En revanche, si ce dernier exige que les solutions retournées soient exactes, il lui convient de choisir une méthode exacte. Une fois que la méthode de résolution est choisie, nous soumettons le modèle et les données du problème soit à

1. Introduction

la méthode gloutonne, soit à un solveur (dans le cas d'une approche exacte), afin de calculer les paramètres.

Finalement, lorsqu'une solution est trouvée, nous examinons sa qualité à l'aide d'un critère d'optimalité (voir la figure 1.2). Ce critère nous a aussi servi pour comparer et évaluer la robustesse des solutions des approches gloutonnes par rapport aux solutions données par les approches exactes. Dans notre démarche, nous proposons, à la fin, deux résultats :

1. les paramètres élicités de la méthode fournie en entrée, et

2. une information sur la qualité du paramètre calculé (i.e., L'aptitude de la méthode multicritère pour restituer les préférences du décideur. Cette information servira aussi à mesurer le degré de similarité entre les solutions des approches gloutonnes et les résultats des approches exactes.).

Nos contributions dans le cadre de cette thèse sont résumées dans les points suivants :

Approches exactes : Nous proposons dans ce travail des modèles exacts d'élicitation qui s'appuient sur la programmation par contraintes (PPC), et la programmation linéaire en nombres entiers (PLNE). Le but étant d'éliciter automatiquement les paramètres des méthodes multicritères : d'ordre lexicographique, de Leximin et des opérateurs de la somme pondérée. L'apport de nos modèles, par rapport à la littérature de l'élicitation, est l'intégration tout particulièrement, de l'opérateur de réification et la résolution max-CSP.

Le modèle PPC élaboré pour la méthode lexicographique est compact en terme de nombre de variables, par rapport au modèle PLNE qui s'est avéré volumineux. Pour cette raison nous avons proposé d'autres variantes du modèle d'élicitation PLNE, notamment une formulation de la méthode lexicographique basée sur la méthode de somme pondérée. Un autre modèle PPC qu'il est

18

intéressant de citer comprend deux phases d'optimisation. Dans la première phase, nous calculons le paramètre optimal de la méthode d'ordre lexicographique, alors que dans la seconde phase nous calculons le sous-ensemble minimal de critères de décision.

Approches gloutonnes : Ces approches réalisent un bon compromis entre la robustesse de la solution calculée et le temps d'exécution. Nous proposons une approche gloutonne pour permettre au décideur d'obtenir automatiquement, et d'une façon heuristique et rapide, le paramètre approprié pour la méthode lexicographique. Plus précisément, cette approche gloutonne est fondée sur des techniques statistiques, en particulier sur le coefficient de corrélation *rho* de Spearman. Cette approche heuristique est efficace et est simple à appliquer. Elle est aussi générale, car elle prend en compte les corrélations linéaires et non-linéaires, et elle n'est pas fondée sur des hypothèses fortes.

Nous proposons aussi une stratégie de coopération entre les approches gloutonnes et exactes. Le principe de cette stratégie est de calculer très tôt, et de manière heuristique, des bornes inférieures pertinentes dans le but d'accélérer la résolution exacte.

Algorithme Leximin révisé : Nous proposons une variante de la méthode Leximin dans un cadre PPC, en intégrant un algorithme de cassure de symétrie. Ce nouvel algorithme s'est avéré plus performant et améliore la version de [Bouveret et Lemaître, 2009].

Nous avons utilisé la base de benchmarking TripAdvisor[5] développée par [Wang *et al.*, 2010] pour valider les différents modèles d'élicitation proposés. Nous avons adopté des critères d'optimalité mesurant le degré de conformité des paramètres calculés par rapport aux préférences du décideur. Ces critères nous ont aussi servi pour mesurer la robustesse des solutions obtenues avec les approches gloutonnes.

---

5. http://www.tripadvisor.com

1.3. Plan de la thèse

Ce manuscrit est organisé de la façon suivante.

- La première partie sera consacrée à l'état de l'art. Elle comprend un chapitre "Décision multicritère" qui expose les définitions des différents concepts en décision multicritère et les notations usuelles nécessaires pour aborder convenablement la suite de ce manuscrit. Ce chapitre détaillera tout particulièrement les méthodes d'agrégation multicritère. Nous présentons à la fin de ce chapitre un état de l'art sur la problématique d'élicitation en optimisation multicritère. Le deuxième chapitre porte sur les outils de modélisation et de résolution, notamment la programmation linéaire en nombres entiers, la programmation par contraintes (avec objectif) et les statistiques descriptives.

- Une seconde partie est consacrée à nos contributions. Elle est décomposée en quatre chapitres :

  Elicitation exacte des paramètres (**chapitre 4**) A travers ce chapitre, nous soulignons la puissance des approches exactes pour la modélisation et la résolution des problèmes d'élicitation des paramètres. Plus particulièrement, nous montrons l'intérêt des techniques de la programmation linéaire en nombres entiers, et de la programmation par contraintes, soutenues par ses outils performants de résolution. Les objectifs et les contraintes associés aux différents modèles proposés sont détaillés.

  Elicitation approchée des paramètres (**chapitre 5**) Ce chapitre se focalise sur une approche gloutonne d'élicitation de la méthode d'ordre lexicographique. Cette approche s'intéresse à la recherche d'un bon compromis entre la qualité de la solution et le temps de calcul. Nous introduisons aussi deux critères d'optimalité dans le but d'évaluer les approches proposées (exactes et gloutonnes).

Algorithme Leximin révisé (**chapitre 6**) Dans ce chapitre nous proposons une amélioration de la méthode Leximin dans un cadre PPC, calculant des solutions d'équilibre Pareto-optimales.

Etude expérimentale (**chapitre 7**) Ce chapitre s'attache à présenter une analyse expérimentale détaillée de nos différentes approches d'élicitation et de l'algorithme Leximin++, en s'appuyant sur des problèmes réalistes. Les résultats de ces approches seront comparés et évalués suivant des critères d'optimalité.

- Nous dressons dans la troisième et dernière partie la conclusion des travaux réalisés durant cette thèse, et nous proposons quelques perspectives.

Afin de faciliter aux lecteurs la navigation au sein du présent manuscrit, nous recommandons un guide de lecture (non)linéaire illustré dans la figure 1.3.

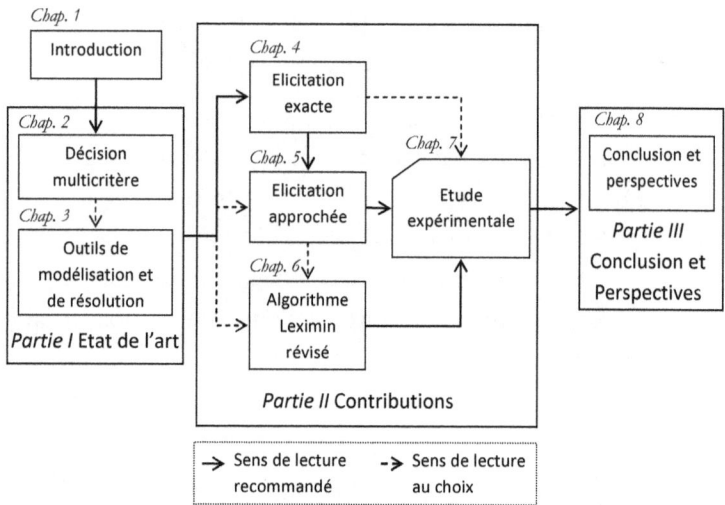

FIGURE 1.3.: Guide pour la lecture du manuscrit.

Première partie .

État de l'art

Cette page est laissée blanche intentionnellement

2. Décision multicritère

C E chapitre présente les notions de base de la décision multicritère. Nous commençons par un rappel des notions fondamentales de la décision multicritère. Nous présenterons un panorama assez détaillé des différentes approches et méthodes d'agrégation multicritère existantes. Nous terminons ce chapitre par un état de l'art des méthodes d'élicitation.

Sommaire

2.1. Composantes d'un problème d'optimisation multicritère

La plupart des problèmes d'optimisation combinatoire issus des problèmes réels impliquent plusieurs critères (objectifs), on parle alors de problèmes de décision multicritères ou d'optimisation multicritère. De plus, ces critères sont généralement incommensurables et contradictoires (e.g. minimiser les coûts et maximiser la productivité). L'optimisation multicritère apparaît donc comme un outil d'aide à la décision, conçu pour satisfaire des besoins conflictuels.

Commençons par détailler les composantes [Grabisch, 2005b] d'un problème d'optimisation multicritère. L'ensemble des **alternatives** (objets ou actions) est l'ensemble des solutions potentielles d'intérêt pour le décideur. Cet ensemble peut être décrit en extension en énumérant les solutions dans une liste finie, ou en compréhension en explicitant un ensemble de contraintes caractérisant les solutions. Chaque alternative est décrite par un ensemble d'**attributs** (descripteurs ou points de vue) spécifiant ses caractéristiques mesurables. Un **critère** est l'association d'une **préférence** sur les valeurs possibles de l'attribut. Différentes approches de décision multicritère ont vu le jour, en combinant une opération de comparaison et une opération d'**agrégation**. Nous détaillerons ces éléments de base dans la suite de cette section.

2.1.1. Notion de préférence et de fonction d'utilité

Le concept de *décision* est difficilement séparable de celui de *préférence*. Les préférences sont l'expression, de la part d'une personne confrontée à une situation de choix, de l'attrait que présente chaque alternative envisageable [Lumet, 2012]. Les préférences apparaissent dans plusieurs domaines, comme l'économie, la psychologie, les sciences politiques, les statistiques, etc.

27

La notion de préférence dépasse bien le cadre d'une simple décision. En économie par exemple, les préférences reflètent le prix qu'une personne peut payer afin d'obtenir un objet [Bouyssou et Vincke, 2006]. En psychologie, elle s'interprète comme l'attitude d'une personne face à un ensemble d'objets.

L'un des principaux sujets qui ont émergé dans le domaine de la recherche de décision comportementale [Lichtenstein et Slovic, 2006], au cours des trois dernières décennies, est le traitement des préférences des décideurs. Ces préférences sont souvent construites suivant un processus d'*élicitation* utilisant des algorithmes et des procédures cognitives de recherche des préférences du décideur.

Les préférences d'un décideur (définies sur un ensemble fini d'alternatives) portent une sémantique particulière. Ces préférences peuvent être représentées de différentes manières, exprimées sous la forme d'une relation mathématique binaire sur les alternatives.

Définition 2.1 (Relation de préférence). *Soit $\mathcal{A}$ l'ensemble des alternatives. Soient $a, b \in \mathcal{A}$.*

Préférence large *Une relation de préférence est notée $\succsim$. L'expression $a \succsim b$ signifie que l'alternative a est au moins aussi bonne que l'alternative b. Nous supposons que $\succsim$ est binaire, prenant ses valeurs dans $\{0, 1\}$.*

Préférence stricte *La relation de préférence stricte $\succ$ est définie : $a \succ b$ ssi $a \succsim b$ et $non(b \succsim a)$.*

Indifférence *Nous noterons $\sim$ la relation d'indifférence définie comme suit : $a \sim b$ ssi $a \succsim b$ et $b \succsim a$.*

Incomparabilité *Si pour deux alternatives différentes a et b, nous n'avons ni $a \succsim b$, ni $b \succsim a$, nous dirons que a et b sont incomparables.*

La relation $\succ$ est la partie asymétrique de $\succsim$, et $\sim$ est sa partie symétrique.

La relation de préférence que nous avons introduite permet d'établir un classement sur l'ensemble des alternatives, sans pour autant donner une information sur l'*intensité* des préférences exprimées. Pour contourner cette faiblesse, on fera appel à la notion de fonction d'utilité, en imposant des hypothèses qui sont assez naturelles.

Proposition 2.1 (Définition d'une fonction d'utilité). *Soit $\succsim$ une relation de préférence sur les alternatives $\mathcal{A}$, telle que $\succsim$ soit un préordre complet [1]. Il existe une fonction $u : \mathcal{A} \to I\!R$ telle que :*

$$\forall a, b \in \mathcal{A}, a \succsim b \Leftrightarrow u(a) \geq u(b).$$

u est dite fonction d'utilité de la relation de préférence $\succsim$.

Nous supposons, sans perte de généralité, que chaque fonction d'utilité est à maximiser du point de vue du preneur de décision (DM). La relation de préférence peut être traduite de façon quantitative par une fonction d'utilité, en associant à chaque alternative un nombre réel. Les préférences seront donc établies via des comparaisons sur $I\!R$. Concernant les relations de préférence stricte et d'indifférence, nous avons :

$$\forall a, b \in \mathcal{A}, a \succ b \Leftrightarrow u(a) > u(b),$$

$$\forall a, b \in \mathcal{A}, a \sim b \Leftrightarrow u(a) = u(b).$$

2.1.2. Décision multicritère

La décision multicritère traite des problèmes liés à plusieurs points de vue ou attributs. Par exemple, considérons une situation d'un décideur face à une problématique d'achat d'un appareil photo numérique. L'ensemble des alternatives est celui des appareils photo numérique disponibles dans le commerce. Au fait, un appareil photo numérique

---

1. Un préordre complet est une relation réflexive, transitive et complète.

est caractérisé par plusieurs attributs, à savoir le nombre de méga-pixels, le poids, la plage de zoom maximal, etc. Ainsi, le décideur est amené à raisonner sur ces attributs pour se fixer sur son achat. Plus généralement, nous avons besoin de définir la notion d'attributs.

Définition 2.2 (Attributs). *Soit $\mathcal{A}$ l'ensemble des alternatives. Les ensembles $\mathcal{A}^1, ..., \mathcal{A}^n$ sont des attributs si et seulement si $\mathcal{A} = \mathcal{A}^1 \times \mathcal{A}^2 \times ... \times \mathcal{A}^n$. Autrement dit, $\mathcal{A}$ est le produit cartésien des attributs. Toute alternative a est un n-uplet $(a^1, ..., a^n)$, avec $\forall i \in 1..n, a^i \in \mathcal{A}^i$. La fonction d'utilité u appliquée à une alternative a, portera aussi sur ses attributs $u(a^1, ..., a^n)$.*

A un décideur, nous associons n relations de préférence $\succsim^1, ..., \succsim^n$, où $\succsim^i$ correspond à la relation de préférence du décideur associée à l'attribut i d'utilité u_i :

$$\forall a^i, b^i \in \mathcal{A}^i, a^i \succsim^i b^i \Leftrightarrow u_i(a) \geq u_i(b).$$

On appelle *critère* l'association d'un attribut (ou point de vue) et d'une préférence : le décideur déclare une préférence sur les différentes valeurs possibles de l'attribut.

Soit $N = \{1, ..., n\}$ l'ensemble des indices des critères. La fonction d'utilité (individuelle) sur le critère i est la fonction $u_i : \mathcal{A} \mapsto I\!R$. La valeur a_i est la valeur d'utilité de l'alternative a selon le critère i. En d'autres termes, nous avons[2] $a_i = u_i(a)$. La fonction $u : \mathcal{A} \to I\!R^n$, dite fonction d'utilité multicritère, est définie comme suit : pour toute alternative a, $u(a) = (u_1(a), ..., u_n(a)) = (a_1, ..., a_n)$.

L'espace des critères $\mathcal{Y} \subset I\!R^n$ est défini comme étant l'image de $\mathcal{A}$ par u :

$$\forall y \in \mathcal{Y}, \exists a \in \mathcal{A}, u(a) = y.$$

Nous désignerons l'espace des critères comme étant l'espace des solu-

---

2. Certaines références utilisent la notation $a_i = u_i(a^i)$ pour bien préciser que la valeur du critère dépend de la valeur de l'attribut associé.

tions (réalisables). Soit $y \in \mathcal{Y}$ une solution réalisable associée à l'alternative $a \in \mathcal{A}$, nous notons $y_i = a_i = u_i(a)$ où $i \in 1..n$. Dans cette thèse, nous travaillerons dans l'espace des critères. Toute alternative désignera désormais une solution (réalisable).

On peut énumérer plusieurs types de problèmes [Grabisch, 2005b] de décision :

Choix : choisir la ou les meilleures alternatives ;

Classification, tri : mettre des catégories pré-définies ordonnées sur les alternatives ;

Rangement : produire un ordre partiel ou total sur les alternatives ;

Scorage/utilité : attribuer une valeur d'utilité à chaque alternative ;

Pour appréhender un problème de décision multicritère, la méthodologie générale combine une opération de comparaison et une opération d'agrégation :

Agréger puis comparer : consiste à construire une relation d'agrégation entre les n critères permettant par la suite d'effectuer des comparaisons en utilisant cette relation. Le principal représentant de cette approche est la théorie multi-attributs MAUT (*Multi-Attribute Utility Theory*) [Keeney et Raiffa, 1976].

Comparer puis agréger : qui exploite les relations $\succsim^1, ..., \succsim^n$ pour comparer les alternatives afin de construire la relation de préférence globale $\succsim$. Le principal représentant de cette approche est l'ensemble des méthodes par surclassement, et plus particulièrement les différentes versions de la méthode Electre [Roy et Bouyssou, 1993].

Dans cette thèse, nous considérons les méthodes de type "**agréger puis comparer**". Nous supposons, sans perte de généralité, que chaque critère est à **maximiser** du point de vue du preneur de décision (DM). Dans le processus de décision multicritère de type "agréger puis comparer", le problème multicritère est transformé en un problème monocritère, en utilisant une *fonction d'agrégation*, afin de bénéficier des méthodes classiques d'optimisation mono-critère. Ainsi, nous supposons l'existence d'une fonction d'utilité globale U qui représente la relation de préférence globale $\succsim$, que tout DM tente de maximiser

$$\forall a, b \in \mathcal{A}, a \succsim b \Leftrightarrow U(a) \geq U(b).$$

Cette fonction d'utilité globale U doit dépendre seulement des critères $U(a) = f(a_1, ..., a_n)$. Cette fonction d'agrégation permet au décideur de trouver une bonne solution de compromis selon ses préférences. On se pose ainsi la question clé : quelle est la fonction d'agrégation la mieux adaptée ? et comment la paramétrer ? La réponse à cette question dépendra nécessairement des propriétés des critères et de la relation de préférence globale.

Les préférences du décideur sont implicitement ou explicitement traduites en termes de paramètres de la méthode multi-objectif choisie (cf., [Delecroix *et al.*, 2012 ; Boutilier *et al.*, 2010 ; Escoffier *et al.*, 2008 ; Roy et Bouyssou, 2002]). Ensuite, la fonction d'agrégation est combinée avec les paramètres acquis pour résoudre le problème multi-objectif, et obtenir la solution de meilleur compromis du point de vue du décideur.

Il existe de nombreuses méthodes d'agrégation multicritère pour résoudre des problèmes de décision. Cependant, le choix le plus approprié d'une méthode multicritère bien adaptée à un problème multicritère est subjectif (cf. [Grabisch *et al.*, 1997]), et est lui même un problème compliqué.

De la littérature on peut relever deux méthodes principales liées à deux points de vue opposés : la fonction Somme et la fonction Minimum, correspondant respectivement aux concepts d'*utilitarisme classique* et *égalitarisme*[3]. L'approche utilitariste traite l'aspect multicri-

---

3. Des compromis entre ces deux approches existent, e.g., les opérateurs d'agrégation OWA

tère du problème avec une approche de *scalarisation* simple et efficace, avec laquelle on agrège toutes les fonctions objectifs pour former un problème avec une seule fonction objectif (appelée fonction d'agrégation). Ainsi, une décision optimale est l'une de celles qui maximisent cette fonction. Cependant, ce genre de fonctions d'agrégation n'est pas très pertinent dans le contexte du partage "équitable" [Nieto, 1992; Moulin, 2004].

Par contre, la deuxième approche (égalitariste) est spécialement bien adaptée aux problèmes pour lesquels la propriété d'équité joue un rôle central. Cette approche est utilisée surtout en décision multi-agents [Burkard *et al.*, 2009], où les critères représentent les préférences de différents agents (e.g., problème de partage d'un ensemble fini de ressources entre plusieurs agents). Suivant la fonction Minimum, une décision optimale est celle qui *maximise* la satisfaction de l'agent le moins satisfait. Néanmoins, cette fonction d'agrégation est entravée par l'*effet de noyade* [Dubois et Fortemps, 1999], puisqu'elle ne peut pas distinguer entre des solutions ayant la même composante minimale. Ainsi, par exemple, les deux solutions (alternatives) $\langle 0, 1, 1, 1 \rangle$ et $\langle 1000, 1000, 1000, 0 \rangle$, pourtant très différentes, sont indiscernables suivant la fonction Minimum. Cette fonction peut toutefois être modifiée pour avoir un comportement plus expressif. L'idée clé consiste à proposer des raffinements du Minimum, e.g., les opérateurs Discrimin et Leximin, la norme de Chebycheff, etc. Le but étant de réduire l'ensemble des alternatives indifférentes et d'assurer la propriété d'efficacité. On reviendra sur ce point avec plus de détails dans la section 2.3.

[Yager, 1988], et l'intégrale de Choquet [Grabisch *et al.*, 1998].

2.2. Comparaison des solutions

2.2.1. Relation de dominance et Pareto-optimalité

Les problèmes d'optimisation multicritère se ramènent à un problème central de comparaison. Cette comparaison est fondée sur la relation de dominance.

Définition 2.3 (Dominance faible de Pareto). *Soient deux solutions réalisables $y, y' \in \mathcal{Y}$. La dominance faible entre y et y' est définie par :*

$$y \succsim_p y' \Leftrightarrow [\forall i \in \{1, ..., n\}, \, y_i \geq y'_i] \tag{2.1}$$

La relation $y \succsim_p y'$ signifie que y est au moins aussi bonne que y' sur tous les critères.

Définition 2.4 (Dominance de Pareto). *Soient deux solutions réalisables $y, y' \in \mathcal{Y}$. La relation de dominance de Pareto est définie comme la partie asymétrique de la relation $\succsim_p$:*

$$y \succ_p y' \Leftrightarrow [y \succsim_p y' \text{ et } \mathsf{non}(y' \succsim_p y)] \tag{2.2}$$

La relation $y \succ_p y'$ signifie que y est au moins aussi bonne que y' sur tous les critères, tout en étant strictement meilleure sur au moins un critère. Si y est meilleure que y' sur tous les critères, alors on dit que y domine *fortement* y'.

La principale caractéristique des problèmes d'optimisation multicritère est l'existence de plusieurs critères, d'où la nécessité de revoir la notion d'optimalité qui est inspirée de l'optimisation combinatoire mono-critère.

Définition 2.5 (Pareto optimalité). *Une solution $y^* \in \mathcal{Y}$ est Pareto-optimale (efficace, non-dominée, non-inférieure) si et seulement s'il n'existe pas une solution y telle que y domine y^*. L'ensemble des solutions Pareto-optimales forment le front de Pareto P défini par :*

$$P = \{y \in \mathcal{Y} \mid \nexists y' \in \mathcal{Y}, \quad y' \succ_p y\} \tag{2.3}$$

On note que la relation de dominance de **Pareto** a un faible pouvoir discriminant. Ainsi, beaucoup de solutions efficaces restent incomparables (i.e., $\exists y, y' \in \mathcal{Y}$, non$(y \succ_p y')$ et non$(y' \succ_p y)$). L'ordre induit par la relation de dominance de **Pareto** est donc partiel.

Exemple 2.1 (Problème du sac-à-dos multiobjectif). *Le problème du sac-à-dos multiobjectif[4] [Ko, 1993; Lukata et Teghem, 1997] est une généralisation du problème classique du sac-à-dos mono-objectif. Ce problème est connu pour être **NP**-complet[5]. La difficulté consiste à choisir un sous-ensemble de m objets maximisant les n fonctions objectifs (profits) tout en ne dépassant pas le poids maximal W autorisé pour le sac. Chaque objet i, a un poids w_i et un profit c_i^j pour chaque fonction objectif. Formellement,*

$$
\begin{aligned}
\texttt{Maximize} \quad & u_j(x) = \sum_{i=1}^{m} c_i^j x_i \quad j = 1, ..., n \\
\texttt{subject to} \quad & \sum_{i=1}^{m} x_i w_i \leq W \\
& x_i \in \{0, 1\} \qquad i = 1, ..., m
\end{aligned}
\tag{2.4}
$$

On définit la variable x_i associée à un objet i de la façon suivante : $x_i = 1$ si l'objet i est mis dans le sac, et $x_i = 0$ sinon. Les variables $x_i, i = 1..m$ permettent de définir les fonctions d'utilité en compréhension. En fait, l'espace fini des solutions des contraintes de (2.4) définit l'espace des alternatives. En outre, la contrainte $w(x) = \sum_{i=1}^{m} x_i w_i \leq W$ garantit que la somme des objets choisis ne dépasse pas la capacité du sac-à-dos. Pour quatre objets (m = 4), deux fonctions objectifs

---

4. Conférence plénière *"Algorithmic Decision Theory and Preference-based Optimization"*, Patrice Perny, JFPC'2011.

5. On peut donc raisonnablement penser qu'il est inutile d'en chercher une solution sous forme d'un algorithme de complexité polynomiale.

*(n = 2), et un sac-à-dos d'un poids maximal de 10 **kg** (W = 10), on
a par exemple les données suivantes :*

TABLE 2.1.: Jeu de données pour le problème du sac-à-dos
multiobjectif

i	1	2	3	4
c_i^1	18	12	17	2
c_i^2	3	11	7	15
w_i	4	5	6	5

*A partir du jeu de données du tableau 2.1, on peut poser le problème
du sac-à-dos bi-objectif suivant :*

$$\begin{aligned}
\text{Maximize} \quad & u_1(x) = 18x_1 + 12x_2 + 17x_3 + 2x_4 \\
\text{Maximize} \quad & u_2(x) = 3x_1 + 11x_2 + 7x_3 + 15x_4 \\
\text{subject to} \quad & 4x_1 + 5x_2 + 6x_3 + 5x_4 \leq 10 \\
& x_i \in \{0,1\}, i = 1, ..., 4
\end{aligned} \quad (2.5)$$

*L'ensemble des solutions du problème (2.5) est donné dans la table
2.2. Les solution $\{s_1..s_4\}$ ne sont dominées par aucune autre solution.
Elles constituent donc les points du front de **Pareto** pour l'exemple
2.1. Par contre, les quatre solutions qui restent $\{s_5, s_6, s_7, s_8\}$ sont des
solutions dominées au sens de **Pareto**, car $s_4 \succ_p s_5, s_1 \succ_p s_6, s_2 \succ_p s_7$
et $s_1 \succ_p s_8$.*

Deux types de solutions **Pareto**-optimales peuvent être différenciées :
les solutions *supportées* et les solutions *non-supportées*. Les premières

TABLE 2.2.: Solutions de l'instance du problème du sac-à-dos multiobjectif (Les solutions $s_1..s_4$ sont efficaces. Les solutions $s_5..s_8$ sont dominées. L'ensemble {...} précise les indices des variables booléennes qui sont à un (les autres sont à zéro). Par exemple, l'ensemble $\{2,4\}$ précise que $x_2 = x_4 = 1$ et $x_1 = x_3 = 0$.)

	s_1	s_2	s_3	s_4	s_5	s_6	s_7	s_8
	$\{2,4\}$	$\{1,4\}$	$\{1,2\}$	$\{1,3\}$	$\{1\}$	$\{2\}$	$\{3\}$	$\{4\}$
$\hat{u}_1$	14	20	30	35	18	12	17	2
$\hat{u}_2$	26	18	14	10	3	11	7	15

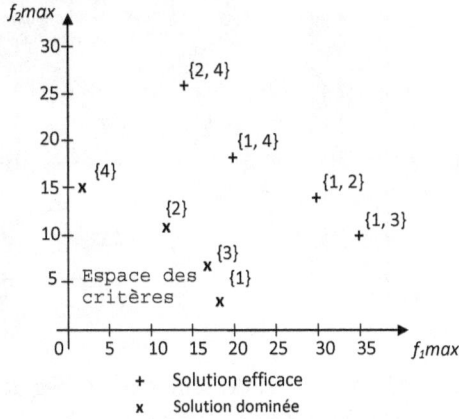

FIGURE 2.1.: Espace de critères du problème du sac-à-dos bi-objectif (2.5). L'ensemble {...} précise les indices des variables booléennes qui sont à un (les autres sont à zéro). Par exemple, l'ensemble $\{2,4\}$ précise que $x_2 = x_4 = 1$ et $x_1 = x_3 = 0$.)

solutions sont celles situées sur l'enveloppe convexe[6] de l'ensemble

---

6. L'enveloppe convexe [Cormen *et al.*, 2009] d'un ensemble Q de points est le plus petit polygone convexe P tel que chaque point de Q est soit sur le contour de P, soit à l'intérieur. Nous rappelons qu'un polygone est convexe si, étant donnés deux points quelconques situés sur le contour ou à l'intérieur, tous les points du segment de droite reliant ces deux points se trouvent sur le contour ou à l'intérieur du polygone. Un polygone est une courbe plane, refermée sur elle-même et composée d'une suite de segments de droite appelés côtés du polygone.

des solutions de l'espace des critères (voir la figure 2.2). Ces dernières peuvent être trouvées à l'aide d'une optimisation d'une agrégation linéaire des critères [Geoffrion, 1968] utilisant différents vecteurs de poids. Les deuxièmes solutions représentent l'ensemble des solutions non-supportées, i.e., les solutions non-dominées et qui n'appartiennent pas à la fermeture convexe.

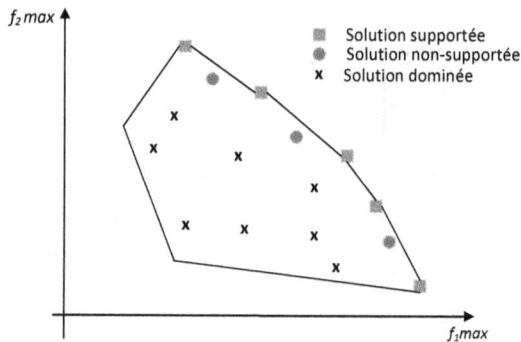

FIGURE 2.2.: Représentation des différents types de solutions en optimisation bi-objectif.

Il faut noter que les solutions non-supportées sont plus difficile à obtenir par rapport aux solutions supportées [Dhaenens, 2005]. Cependant, la recherche des solutions non-supportées est motivée par deux principales raisons. D'un coté, les solutions supportées peuvent ne représenter qu'un petit sous-ensemble de solutions efficaces. D'un autre coté, les solutions supportées peuvent ne pas avoir une répartition uniforme sur le front de **Pareto**, et elles ne garantissent donc pas un bon compromis (voir la figure 2.3).

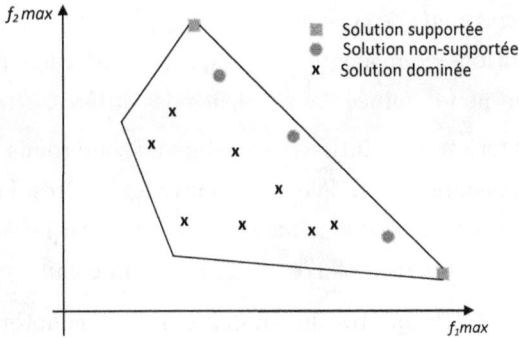

FIGURE 2.3.: Importance des solutions non supportées.

2.2.2. Détermination des frontières

L'ensemble des solutions supportées et non-supportées (si elles existent) constitue ce qu'on appelle le front de **Pareto** (voir la figure 2.2).

Définition 2.6 (Frontière de **Pareto**). *La frontière[7] de Pareto (ou ensemble de solutions non-dominées au sens de Pareto) est l'ensemble des solutions réalisables défini par* $ND_P = \{y \in \mathcal{Y}| \nexists y' \in \mathcal{Y}, y' \succ_p y\}$. *L'ensemble des alternatives engendrant la frontière de Pareto est défini par* $ArgND_P = \{a \in \mathcal{A}| \nexists b \in \mathcal{A}, u(b) \succ_p u(a)\}$.

La recherche des solutions **Pareto**-efficaces est basée sur le critère de dominance pour pouvoir comparer les solutions. Dans cette optique, il ne faut pas omettre le fait que deux solutions peuvent être équivalentes dans l'espace des critères $\mathcal{Y}$, i.e., ayant exactement les mêmes valeurs sur l'ensemble des critères, alors qu'elles ont des coordonnées totalement différentes dans l'espace de décision. Ainsi, on distingue deux types de front de **Pareto** :

1. *Front minimal :* ce type de front est généré sans considérer les

---

7. La notation est inspirée de [Dubus, 2010].

solutions équivalentes ;

2. *Front maximal :* ce type de front est généré en considérant toutes les solutions équivalentes de l'espace de décision pour chaque solution non-dominée dans l'espace des critères.

Pour caractériser les solutions réalisables de compromis, on pourrait faire appel à une définition d'équilibre entre les critères. La théorie du choix social a formalisé ces solutions d'équilibre en faisant appel au principe de transfert [Sen et Foster, 1997] défini comme suit.

Définition 2.7 (Propriétés de compatibilité, P-monotonie, principe de transfert).

- *Soient deux solutions $y, y' \in I\!\!R^n$, et $\succsim_?$ une relation sur $I\!\!R^n$. On dit que $\succsim_?$ est compatible avec la dominance de Pareto, ou que $\succsim_?$ est P-monotone si et seulement si on a $y \succsim_p y' \implies y \succsim_? y'$.*

- *Soit $y \in I\!\!R^n$ et $\succsim_?$ une relation de dominance sur $I\!\!R^n$. Soit l'existence de $i, j \in 1..n$ tels que $y_i > y_j$. Soit la notation d'un vecteur e^z tel que $\forall i \neq z, e_i^z = 0$ et $e_z^z = 1$. La relation $\succsim_?$ respecte le principe de transfert si et seulement si pour tout ϵ vérifiant $0 \leq \epsilon \leq \frac{y_i - y_j}{2}$, on a $y - \epsilon e^i + \epsilon e^j \succsim_? y$.*

Définition 2.8 (Transformée de Lorenz et Dominance généralisée de Lorenz).

- *Soit $y \in I\!\!R^n$ une solution. La transformée de Lorenz de la solution y, notée $L(y)$, est le vecteur des sommes cumulées du tri en ordre croissant de y :*

$$L(y) = (y_1, y_1 + y_2, ..., \sum_{i=1..n} y_i).$$

- *Soient $y, y' \in I\!\!R^n$ deux solutions réalisables. y domine y' au sens de Lorenz, noté $y \succsim_L y'$, si et seulement si $L(y) \succsim_p L(y')$.*

Proposition 2.2. *La relation de dominance généralisée de Lorenz est compatible avec la dominance de Pareto et respecte le principe de transfert.*

Dans un contexte multi-agents, la P-monotonie exprime la préférence pour une situation plus favorable à tous les agents, et le principe de transfert traduit l'envie de répartir les coûts de manière équitable entre les agents.

Définition 2.9 (Frontière de Lorenz). *La frontière de Lorenz (ou ensemble de non-dominés au sens de Lorenz) est l'ensemble des solutions réalisables défini par $ND_L = \{y \in \mathcal{Y} | \nexists y' \in \mathcal{Y}, y' \succ_L y\}$. L'ensemble des alternatives engendrant la frontière de Lorenz est défini par $ArgND_L = \{a \in \mathcal{A} | \nexists b \in \mathcal{A}, u(b) \succ_L u(a)\}$.*

Définition 2.10 (Courbe de Lorenz). *On considère un vecteur objectif de n éléments supposé numéroté par utilité croissante, i.e., $y_1 \leq y_2 \leq ... \leq y_i \leq ... \leq y_n$, où y_i désigne l'utilité de l'élément i. On note que les x_i représentent des gains à maximiser.*

On pose :

- $m = \frac{1}{n} \sum_{i=1}^{n} y_i$: *l'utilité moyenne.*
- $y_i' = \dfrac{y_i}{m}$: *l'utilité relative de l'élément i par rapport à la moyenne m.*

On note maintenant q_k la proportion de l'utilité totale reçue par les k éléments les plus "pauvres" :

$$
\begin{aligned}
q_k &= \frac{y_1 + ... + y_k}{v_1 + ... + y_n} \\
&= \frac{1}{n} \sum_{i=1}^{k} y_i', \qquad 1 \leq k \leq n
\end{aligned}
\tag{2.6}
$$

La courbe de Lorenz est la courbe reliant les points de coordonnées $(p_k = \frac{k}{n}, q_k), k = 0..n$, avec $q_0 = 0$.

Exemple 2.2. *Soient $n = 3, y = \langle y_1, y_2, y_3 \rangle = \langle 2, 3, 5 \rangle$. Suivant la formule (2.6), on obtient les points $(p_1, q_1), (p_2, q_2)$ et (p_3, q_3) ayant comme coordonnées :*

41

$$\begin{bmatrix} p_1 & p_2 & p_3 \\ q_1 & q_2 & q_3 \end{bmatrix} = \begin{bmatrix} \dfrac{1}{3} & \dfrac{2}{3} & 1 \\ 0.2 & 0.5 & 1 \end{bmatrix} \tag{2.7}$$

La courbe de Lorenz de cet exemple est donnée sur la figure 2.4. Cette courbe est toujours convexe, et le degré de sa convexité donne une information sur l'inégalité entre les différents éléments d'un profil d'utilité. Si tous les éléments d'un profil d'utilité sont complètement égaux, la courbe de Lorenz devient linéaire.

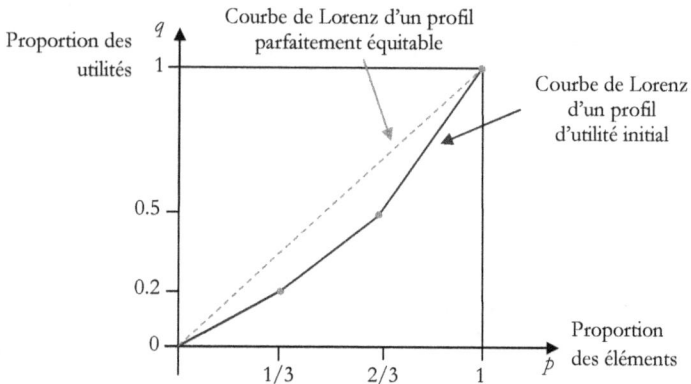

FIGURE 2.4.: Courbe de Lorenz.

2.3. Méthodes d'agrégation

2.3.1. La somme pondérée

La méthode de la somme pondérée est basée sur une combinaison linéaire des critères. Cette méthode est sans doute la méthode multicritère la plus simple, et la plus couramment utilisée. Elle est définie comme suit :

$$\underset{x \in \mathcal{Y}}{\text{Maximize}} \quad U(x) = \sum_{i=1}^{n} w_i x_i$$

$$\text{subject to} \quad \sum_{i=1}^{n} w_i = 1 \tag{2.8}$$

$$w_i \in [0,1], \quad i = 1, ..., n. \tag{2.9}$$

où w_i est le poids (coefficient) affecté au i^e critère. Ce coefficient représente l'importance relative[8] que le décideur attribue au critère. Si tous les poids sont positifs, le maximum du modèle (2.8) est **Pa**reto-optimal[9] [Zadeh, 1963 ; Zionts, 1988]. Ainsi, maximiser (2.8) est suffisant pour garantir l'efficacité des solutions. Cependant, il est impossible d'obtenir les solutions non-supportées qui se trouvent sur des portions concaves du front de **Pareto** dans l'espace des critères (cf., [Das et Dennis, 1997 ; Messac *et al.*, 2000]).

Il existe d'autres types de moyenne (e.g., géométrique, harmonique, etc.), qui peuvent s'écrire sous la forme :

$$U_f(x) = f^{-1}(\sum_{i=1}^{n} w_i f(x_i)),$$

où f est une fonction continue strictement croissante. Elles sont dites moyennes généralisées. Si f est la fonction identité, on retrouve la moyenne pondérée classique. Si $f = \log$ (resp. $f(x) = 1/x$), on retrouve la moyenne géométrique (resp. moyenne harmonique).

2.3.2. Méthode d'ordre lexicographique

Il est habituellement difficile de déterminer les coefficients de la fonction de la somme pondérée, car dans le cas général :

---

8. La contrainte de normalisation des poids $\sum_{i=1}^{n} w_i = 1$ justifie le terme "moyenne pondérée".
9. C'est une propriété majeure des fonctions d'agrégation additives.

- Les critères ne sont pas basés sur une échelle commune ;
- Les critères sont mutuellement conflictuels ;
- Les conséquences d'une différence donnée (compromis) ne peuvent pas être quantitativement connues avant l'optimisation.

La méthode d'ordre lexicographique semble être une alternative intéressante pour éviter l'utilisation des poids. Cette méthode optimise séquentiellement les critères par ordre d'importance. Ainsi, l'ordre de priorité entre les critères doit être fixé explicitement.

Formellement, la méthode lexicographique résout une séquence de problèmes d'optimisation dans l'ordre de priorité comme suit :

$$\begin{aligned}\underset{x\in\mathcal{A}}{\text{Maximize}} \quad & u_i(x), \qquad i = 1, 2, ..., n \\ \text{subject to} \quad & u_j(x) \geq u_j(x^*), \quad j = 1, ..., i-1 \quad \text{if} \quad i > 1.\end{aligned} \quad (2.10)$$

A partir du deuxième problème d'optimisation (i.e., pour $i = 2, ..., n$), les critères précédents sont convertis en contraintes d'inégalité [Jee *et al.*, 2007]. Ces nouvelles contraintes sont formulées en utilisant les valeurs objectifs optimales $u_j(x^*)$ avec $j = 1..i - 1$, et elles sont ajoutées au système initial de contraintes.

Cette méthode a le mérite d'être simple à mettre en œuvre, le temps d'exécution étant raisonnable (cf. [Marler et Arora, 2004 ; Le Berre *et al.*, 2012]). De plus, les solutions calculées sont nécessairement **Pareto**-optimales. En revanche, cette méthode fournit souvent des solutions extrêmes (eg., prendre un avion, ou marcher à pied). Aussi, les critères les plus importants sont favorisés et optimisés (même faiblement) au détriment des autres critères les moins prioritaires. Ce qui constitue un défaut important dans les applications qui cherchent des solutions équilibrées.

Ordre lexicographique d'une paire d'alternatives

Définition 2.11 (Ordre lexicographique). *[Marler et Arora, 2004] Les critères sont classés par le décideur en fonction de leur importance. La solution sélectionnée est celle qui a la meilleure valeur pour le critère le plus important. Les solutions indifférentes par rapport au premier critère seront différenciées à l'aide du deuxième critère le plus important, et ainsi de suite. Formellement, l'opérateur d'ordre lexicographique peut être défini par récurrence :*

$$x \succ_{lex} y \Leftrightarrow (x_1 > y_1) \vee ((x_1 = y_1) \wedge \langle x_2, ..., x_n \rangle \succ_{lex} \langle y_2, ..., y_n \rangle) \quad (2.11)$$

où $x, y \in \mathcal{Y}$.

2.3.3. Méthodes basées sur des raffinements de l'ordre Min

Dans le monde réel, on peut distinguer une classe particulière de problèmes multicritères, dont la résolution doit tenir compte de deux propriétés importantes, qui sont :

1. L'équilibre entre les différents critères. Dans le cadre de la théorie du choix social, on parle plutôt de la notion de partage (allocation, division) équitable d'une ressource divisible, ou d'un ensemble de ressources indivisibles entre plusieurs agents. Ce critère est aussi connu sous le nom du *Welfare* [Nieto, 1992].

2. L'efficacité de la solution calculée. Cette propriété assure que la solution d'équilibre calculée n'est pas dominée au sens de **Pareto**.

Parmi les problèmes exigeant une ou les deux propriétés à la fois, on peut citer les problèmes suivants :

- Tournées de véhicules ;
- Planification des infirmières (*nurse rostering*) ;

- Élaboration des emplois du temps ;
- etc.

Dans un contexte multi-agents, à chaque alternative a correspond un profil d'utilité $\langle u_1(a), ..., u_n(a) \rangle$, où u_i est l'utilité individuelle de l'agent i pour l'alternative a. Cette utilité individuelle mesure son niveau de "bien être".

Dans la section 2.1.2, on a vu qu'une combinaison linéaire des utilités individuelles ne capture pas bien l'idée d'équité d'une solution. Ceci suggère la nécessité de recourir à des fonctions non-linéaires. Dans cette optique, l'approche MaxMin, qui consiste à maximiser la fonction Minimum [10], constitue l'alternative la plus intuitive au modèle linéaire. L'idée consiste à maximiser la satisfaction de l'agent le moins satisfait, ce qui garantit une meilleure valeur dans le pire des cas (approche égalitariste [Rawls, 1999]). Cependant, à partir de deux agents, la recherche d'une allocation équitable suivant le critère MaxMin, est un problème NP-difficile [Bouveret *et al.*, 2005 ; Golden et Perny, 2010]

Soient $x = \langle x_1, ..., x_n \rangle$ et $y = \langle y_1, ..., y_n \rangle$ deux solutions de l'espace des critères $\mathcal{Y}$. Dans ce qui suit, on suppose que les éléments x_i et y_i appartiennent à une échelle linéairement ordonnée (e.g., $[0, 9]$), ou à un sous-ensemble fini de cette échelle.

Ordre Min

L'ordre Min (minimum) [Grabisch et Perny, 1999] peut être défini sur l'ensemble des solutions $\mathcal{Y}$ comme suit :

$$x \succsim_{min} y \Leftrightarrow min(\{x_1, ..., x_n\}) \geq min(\{y_1, ..., y_n\}) \tag{2.12}$$

Il faut noter que toutes les composantes des deux alternatives x et

---

10. Bien que la fonction Minimum n'est pas linéaire, le problème de recherche d'allocation Max-Min peut être écrit sous la forme d'un programme linéaire en nombres entiers (cf. [Lesca et Perny, 2010]).

y sont *comparables* (i.e., $\forall x, y \in \mathcal{Y}, x \succsim_{min} y$ ou $y \succsim_{min} x$). L'inconvénient est que cet opérateur génère beaucoup de cas d'indifférence (i.e.,
$x \sim_{min} y$)[11]. Par ailleurs, la maximisation de la fonction Min peut
conduire à des solutions (décisions) non-efficaces (voir l'exemple 2.3).

Exemple 2.3. *Soient quatre alternatives x, y, z et t évaluées sur trois
critères, telles que $x = \langle 9, 8, 1 \rangle, y = \langle 1, 3, 9 \rangle, z = \langle 5, 6, 6 \rangle$ et $t =
\langle 5, 7, 8 \rangle$. On remarque que les deux alternatives z et t maximisent la
fonction Min. Cependant, l'alternative z n'est pas Pareto-optimale, car
elle est dominée par la solution t.*

Dans la littérature on trouve deux améliorations notables de l'opérateur Min, à savoir les ordres Discrimin et Leximin (c.f., [Dubois *et al.*,
1997 ; Boughanem *et al.*, 2007]), qui permettent de faire la distinction
entre deux vecteurs ayant la même valeur minimale.

Ordre Discrimin

L'ordre Discrimin [Dubois *et al.*, 1997 ; Prade, 2001] entre deux alternatives de tailles égales, consiste à appliquer la fonction Min sur
les deux vecteurs, après avoir ôté les composantes identiques ayant le
même rang (i.e., pour le même critère). Formellement,

$$x \succsim_{disc} y \Leftrightarrow min_{i \in D(x,y)}(x_i) \geq min_{i \in D(x,y)}(y_i) \qquad (2.13)$$

où $D(x, y) = \{i | x_i \neq y_i\}$.

Le Discrimin est un raffinement de l'ordre Min et de l'ordre de Pareto. La partie asymétrique de cet ordre (i.e., $\succ_{disc}$) est une relation
irréflexive et transitive, par contre, sa partie symétrique (i.e., $\sim_{disc}$)
n'est pas transitive.

Exemple 2.4. *Soient les deux alternatives $x = \langle 5, 1, 4 \rangle$, $y = \langle 6, 1, 3 \rangle$.
On a,*

---

11. Lorsque $x \succsim_{op} y$ et $y \succsim_{op} x$, on écrit $x \sim_{op} y$ tel que $op =$ Min, Discrimin ou Leximin.

- $x \sim_{min} y$, *cependant* $x \succ_{disc} y$.
- x *et* y *sont incomparables suivant l'ordre de* **Pareto***, alors que* $x \succ_{disc} y$.

Leximin

L'ordre **Leximin** [Moulin, 1989] est proposé comme un raffinement de l'ordre **Discrimin**. Il est également basé sur l'idée d'éliminer les éléments égaux, mais une fois que chaque alternative a été triée [12] par ordre non-décroissant (problème de maximisation). **Leximin** applique un ordre lexicographique sur les vecteurs triés des alternatives. Une définition formelle de l'ordre **Leximin** [13] est donnée comme suit :

$$x \succ_{leximin} y \Leftrightarrow \exists k \leq n, \forall i \in \{1, ..., k-1\}, x_{(i)} = y_{(i)} \text{ et } x_{(k)} > y_{(k)} \quad (2.14)$$

où $x_{(1)} \leq x_{(2)} \leq ... \leq x_{(n)}$, la même chose pour y.

Les alternatives x et y sont dites indifférentes ($\sim_{leximin}$) si les vecteurs triés sont identiques. Pour illustrer le principe de cet ordre, on considère l'exemple 2.5 ci-dessous.

Exemple 2.5. *Soient les deux alternatives suivantes :*
- $x = \langle 2, 3, 5, 6, 8 \rangle$*, et*
- $y = \langle 2, 6, 3, 4, 8 \rangle$*.*

Suivant l'ordre **Discrimin***, comparer* x *et* y *revient à comparer* x' *et* y' *tel que*
- $x' = \langle 3, 5, 6 \rangle$*, et*
- $y' = \langle 6, 3, 4 \rangle$*.*

car $x_1 = y_1 = 2$ *et* $x_5 = y_5 = 8$*, et donc on supprime les éléments* $\{2, 8\}$ *des deux vecteurs* x *et* y*, ce qui permet d'avoir* $x \sim_{disc} y$ *(lorsque* $x' \sim_{disc} y'$*). Toutefois,* $x \succ_{leximin} y$ *car* $x_{(1)} = y_{(1)} = 2$*,* $x_{(2)} = y_{(2)} = 3$ *et* $x_{(3)} > y_{(3)}$ *(i.e.,* $5 > 4$*).*

---

12. Cela suppose que les critères sont à priori *commensurables*.
13. Il est possible de définir de façon analogue le leximax.

Leximin permet de distinguer entre les alternatives indifférentes suivant l'ordre Discrimin. En outre, l'ordre Leximin ne contredit pas une préférence stricte exprimée par l'ordre Discrimin, i.e., si $x \succ_{disc} y$ alors $x \succ_{leximin} y$. On souligne que [Ogryczak et Sliwinski, 2006] ont proposé un modèle linéaire de l'agrégateur Leximin qui a des propriétés d'équité (ou d'équilibre) que nous introduisons ci-dessous.

Équilibre sans compensation entre les critères : L'ordre Leximin n'autorise aucune concession sur la composante minimum des alternatives, et ce même si une légère diminution de cette composante minimum permettait d'augmenter de manière considérable les utilités des autres composantes [Bouveret, 2007]. Ceci met en évidence la grande sensibilité du préordre Leximin vis-à-vis des composantes faibles du vecteur objectif. Par exemple, $\langle 10, 10, 10, 10 \rangle \succ_{leximin} \langle 7, x, y, z \rangle$ quelles que soient les valeurs de x, y, et z, avec $7 \leq x \leq y \leq z$. Cette absence de compensation justifie le choix d'autres méthodes multicritères, autorisant une compensation entre les composantes d'une alternative (e.g., OWA, Intégrale de Choquet).

La recherche de solutions équilibrées a été abordée par d'autres critères comme : Cournot-Nash [Nash, 1950], Envy-Freeness (absence d'envie) [Foley, 1967], Deviation [Schaus *et al.*, 2007], etc). Par exemple, dans le cadre de la théorie des jeux dite à *stratégies mixtes*[14], on cherche souvent un équilibre appelé équilibre de Nash. Cet équilibre caractérise une situation où *"aucun joueur n'a intérêt à dévier individuellement de sa stratégie"*[15]. Cependant ce critère n'assure pas toujours le principe d'efficacité, et conduit parfois à des équilibres non Pareto-optimaux (e.g., dilemme du prisonnier). Il est intéressant de noter que dans le contexte des problèmes de partage équitable[16] avec le

---

14. Dans un jeux à stratégie mixte une probabilité est attribuée à chacune des *stratégies pures* d'un joueur. Ainsi, cette transformation en *stratégies mixtes* permet de garantir (par le biais du théorème de Nash [Nash, 1950]) l'existence d'au moins un point d'équilibre.

15. De façon similaire, on peut interpréter ce critère comme une situation dans laquelle les joueurs n'ont pas de regrets après avoir vu les stratégies des autres joueurs.

16. Une discussion plus détaillée sur les problèmes de partage équitable peuvent être trouvées dans [Chevaleyre *et al.*, 2006].

critère d'absence d'envie (*envy-freeness*), la solution optimale n'est pas nécessairement Pareto-optimale. De plus, le problème de la recherche d'une allocation avec un minimum possible d'envie (*envy*) n'est (en général) pas solvable ou même approximable en temps polynomial (cf. [Lipton *et al.*, 2004]).

Minimum augmenté

Il n'est pas toujours suffisant de se focaliser sur les pires des cas (composantes minimales) pour assurer l'équité. En effet, on peut avoir des alternatives très différentes, alors qu'elles sont indiscernables suivant l'ordre Min (e.g., $\langle 1, 1, 1, 1 \rangle$ et $\langle 1, 5, 5, 5 \rangle$). Ce comportement est connu sous le nom d'*effet de noyade*. Pour remédier à cet effet indésirable, on considère un raffinement du Min avec une somme (pondérée éventuellement), appelé Minimum *augmenté* :

$$x \succsim_{min_+} y \Leftrightarrow$$
$$min(\{x_1, ..., x_n\}) + \epsilon \sum_{i=1}^{n} x_i \geq min(\{y_1, ..., y_n\}) + \epsilon \sum_{i=1}^{n} y_i \quad (2.15)$$

où ϵ représente une valeur réelle strictement positive et suffisamment petite. Ce nouveau critère peut être considéré comme une agrégation lexicographique de la fonction égalitariste Min (en priorité), et la fonction utilitariste Somme. On Précise que le Minimum augmenté peut aussi être vu comme un cas particulier de la distance de Tchebycheff (augmentée et non pondérée) au point idéal $\langle 1, 1, ..., 1 \rangle$ dans $[0, 1]^n$ (voir la section 2.3.4).

Exemple 2.6. *Les deux alternatives* $x = \langle 1, 2, 8, 4 \rangle$, $y = \langle 1, 6, 4, 2 \rangle$ *sont indiscernables par le Min et le Discrimin. Par contre, on a* $x \succ_{min_+} y$ *car* $\sum_{i=1}^{n} x_i = 15$ *et* $\sum_{i=1}^{n} x_i = 13$.

On note que le Minimum augmenté ne résout pas complètement le problème d'effet de noyade. Par exemple, les deux alternatives $x =$

$\langle 1, 1, 1, 13 \rangle$ et $y = \langle 1, 5, 5, 5 \rangle$ restent toujours indifférentes suivant ce critère. Pour cela, on peut suggérer une autre possibilité comme le Leximin. Ainsi, l'alternative y est préférée par rapport à x suivant le critère Leximin (i.e., $y \succ_{leximin} x$).

2.3.4. La norme de Tchebycheff

La norme de Tchebycheff permet de caractériser des solutions réalisables équilibrées. On appelle point idéal le vecteur des valeurs optimales pour chaque critère. Ce dernier ne correspond pas nécessairement à une solution réalisable. Nous adoptons la formulation donnée par Dubus [Dubus, 2010].

Définition 2.12 (Point idéal et point Nadir).

- *Le point idéal* $I = (I_1, ..., I_n) \in I\!\!R^n$ *est un vecteur tel que :*

$$\forall i \in 1..n, I_i = max\{y_i'|y' \in \mathcal{Y}\}.$$

- *Soit* $\forall j \in 1..n, A_j^* = argmax_{a \in \mathcal{A}} u_j(a)$ *et* $(y_1^j, ..., y_n^j) = u(A_j^*)$. *Le point Nadir selon* u *est le vecteur* $N = (N_1, ..., N_m) \in I\!\!R^m$ *vérifiant* $\forall j \in 1..n, N_j = min_{i \in 1..n} y_j^i$.

Définition 2.13 (Norme de Tchebycheff). *Soient* I *le point idéal, et* N *le point Nadir. Une norme de Tchebycheff est un agrégateur défini par :*

$$Tcheb(y_1, ..., y_n) = -max_{j \in 1..n} \frac{I_j - y_j}{I_j - N_j}.$$

Une solution y *est préférée à une solution* y' *au sens de Tchebycheff si et seulement si*

$$Tcheb(y) \geq Tcheb(y').$$

Le point idéal définit les coordonnées du meilleur point que l'on pourrait atteindre. Comme expliqué dans [Dubus, 2010], le point Nadir identifie une zone de l'espace contenant les solutions intéressantes. La valeur $I_j - y_j$ définit la distance par rapport au point idéal. La division sur $I_j - N_j$ est une simple mise à l'échelle. D'autre part, les valeurs $\frac{I_j - y_j}{I_j - N_j}$ reflète une sorte de *regret* de choisir la valeur y_i. La norme de Tchebycheff d'une solution renvoie le minimum des regrets. Quand les regrets sont pondérés, on obtient la norme de Tchebycheff pondérée.

La proposition suivante (voir par exemple [Dubus, 2010]) montre la compatibilité de la dominance de Tchebycheff par rapport à celle de Pareto.

Proposition 2.3. *La norme de Tchebycheff est compatible avec la dominance faible de Pareto :*

$$\forall y \in \mathcal{Y}, y' \in \mathcal{Y}, y \succsim_p y' \Longrightarrow Tcheb(y) \geq Tcheb(y').$$

Steuer et Choo [Steuer, 1983] ont proposé une procédure interactive pour trouver des solutions non-dominées à des programmes mathématiques avec plusieurs objectifs en utilisant la norme de Tchebycheff pondérée. Cette procédure a été améliorée dans [Luque *et al.*, 2010].

Par ailleurs, la norme de Tchebycheff (pondérée) *augmentée* constitue un raffinement intéressant de la norme de Tchebycheff (pondérée). L'idée consiste à hybrider cette norme avec la fonction Somme en faisant une agrégation lexicographique. Cette idée est très similaire à l'idée du Minimum augmenté développée dans la section 2.3.3.

2.3.5. Opérateurs OWA

La fonction d'agrégation OWA (*Ordered Weighted Average*) [Yager, 1988 ; Michel, 2007], est une généralisation de la fonction *moyenne*. OWA permet de découvrir des solutions non-supportées en cas de non-convexité du front de Pareto. Cette fonction est définie de $\mathbb{R}^n$ dans $\mathbb{R}$, où n est la taille du vecteur sur lequel elle opère. L'idée est de pondérer les critères relativement à leur rang.

$$U(y) = O_w(y) = \sum_{i=1}^{n} w_i y_{\sigma(i)} \qquad (2.16)$$

avec $y \in \mathcal{Y}$, $w = \langle w_1, \ldots, w_n \rangle \in [0,1]^n$ et $\Sigma_i\, w_i = 1$.

On note $\langle y_{\sigma(1)}, \ldots, y_{\sigma(n)} \rangle$ le vecteur $\langle y_1, \ldots, y_n \rangle$ obtenu par réarrangement des éléments du vecteur par ordre non-décroissant (i.e., $y_{\sigma(1)} \leq \cdots \leq y_{\sigma(i)} \leq \cdots \leq y_{\sigma(n)}$). Le poids w_1 est associé à la plus petite valeur $y_{\sigma(1)}$, alors que le poids w_n est associé à la plus grande valeur $y_{\sigma(n)}$. Avec OWA il est possible d'exprimer les opérateurs d'agrégation suivants :

- *Le minimum :* $\mathsf{Min}(y_{\sigma(1)}, \ldots, y_{\sigma(n)})$, avec $w = \langle 1, 0, \ldots, 0 \rangle$.
- *Le maximum :* $\mathsf{Max}(y_{\sigma(1)}, \ldots, y_{\sigma(n)})$, avec $w = \langle 0, 0, \ldots, 1 \rangle$.
- *La moyenne :* $\mathsf{Avg}(y_{\sigma(1)}, \ldots, y_{\sigma(n)})$, avec $w_1 = \cdots = w_n = 1/n$.
- La moyenne en ignorant la meilleure composante et la plus mauvaise composante, i.e., avec $w_1 = 0, w_2 = 1/(n-1), \ldots, w_{n-1} = 1/(n-1), w_n = 0$.
- *La médiane :* $(y_{(n/2)} + y_{(n/2)+1})/2$, si $w_{(n/2)} = w_{(n/2)+1} = 1/2$, quand n est pair.
- *La médiane :* $y_{(n+1)/2}$, si $w_{(n+1)/2} = 1$, quand n est impaire.

Des formulations en programmation linéaire de OWA ont été proposées par Ogryczak et Sliwinnski [Ogryczak et Sliwinski, 2003].

On note que OWA peut être vue comme une mesure d'inégalité plus compensatoire utilisée dans la théorie du choix social. En effet, lorsque les éléments du vecteur de pondération w sont strictement décroissants (i.e., $w_i > w_i + 1, i = 1..n - 1$), et quand les différences de $w_i - w_{i+1}$ ont tendance à être arbitrairement grandes, alors la fonction OWA tend à représenter le critère Leximin [17] (cf. [Lesca et Perny, 2010]).

[Ogryczak et Sliwinski, 2003] ont proposé l'opérateur OWA garantissant le principe d'équité entre les solutions. Ogryczak et al. [Ogryczak

---

17. Dans le cas où les différences entre les utilités peuvent tendre vers 0, la représentation de l'ordre Leximin à l'aide d'OWA n'est pas possible.

2. *Décision multicritère*

et al., 2003] ont exploité le modèle équitable **OWA** pour résoudre un problème d'allocation équitable de ressources pour le dimensionnement d'un réseau. Kostreva et al. [Kostreva *et al.*, 2004] ont fait une synthèse intéressante sur des modèles linéaires des agrégateurs équitables **OWA** et **Leximin**.

En outre, il est intéressant de noter que **OWA** peut être reformulée en fonction du vecteur de Lorenz [Lesca et Perny, 2010]. On a alors :

$$O_w(y) = \omega \cdot L(y) \tag{2.17}$$

où $\omega = \langle w_1 - w_2, w_2 - w_3, ..., w_{n-1} - w_n, w_n \rangle$ est un vecteur de pondération positif; $L(y) = \langle L_1(y), ..., L_n(y) \rangle$, est le vecteur de Lorenz associé à y défini par $L_k(y) = \Sigma_{i=1}^{k} y_{\sigma(i)}$ (i.e., l'utilité des k agents les plus pauvres), et $\sigma(i)$ est la permutation triant les y_i par ordre non-décroissant.

Exemple 2.7. *Étant données trois alternatives ayant les vecteurs d'utilité suivants :*

- $x = \langle 7, 8, 9 \rangle$
- $y = \langle 5, 8, 10 \rangle$
- $z = \langle 15, 11, 2 \rangle$

Les vecteurs de Lorenz sont donnés par :

- $L(x) = \langle 7, 15, 24 \rangle$
- $L(y) = \langle 5, 13, 23 \rangle$
- $L(z) = \langle 2, 13, 28 \rangle$

*Il est facile de remarquer que $L(x)$ domine $L(y)$ au sens de **Pareto** (i.e., $L(x) \succ_P L(y)$), et donc $x \succ_L y$. On remarque aussi que le vecteur $L(z)$ est incomparable avec les vecteurs $L(x)$ et $L(y)$ au sens de **Pareto**, et donc l'alternative z est incomparable avec les alternatives x et y au sens de Lorenz.*

*Or, si on utilise la formulation **OWA** (2.17) avec le vecteur de pondération $w = \langle \frac{6}{9}, \frac{2}{9}, \frac{1}{9} \rangle$, on obtient :*

$$O_w(x) = \frac{(6-2)}{9} \times 7 + \frac{(2-1)}{9} \times 15 + \frac{1}{9} \times 24$$

$$= \frac{28 + 15 + 24}{9}$$

$$= \frac{67}{9}$$

$$O_w(y) = \frac{56}{9}$$

$$O_w(z) = \frac{49}{9}$$

Ce qui entraîne l'ordre total de préférence : $x \succ y \succ z$

Le critère **OWA** est manifestement plus riche que la dominance de Lorenz. Cependant, **OWA** impose le choix d'un jeu de poids qui peut s'avérer difficile à déterminer sans informations préférentielles.

Contrainte Orness En raison de l'importance du degré de compensation d'OWA, une mesure a été définie pour évaluer le seuil de compensation d'un vecteur de pondération. Cette mesure est connue sous le nom d'**Orness**. Plus cette mesure est grande, plus la compensation est importante, et inversement. Cette contrainte est formellement définie par :

$$\sum_{i=1}^{n} w_i(n-i) = (n-1) \times OC \qquad (2.18)$$

où $OC \in \mathbb{I} = [0, 1]$ est la valeur de la mesure d'**Orness**. Par exemple, les valeurs proches de 1 correspondent au minimum alors que les valeurs proches de 0 correspondent au maximum, et $Orness_{AVG} = 1/2$.

Contrainte d'entropie Une autre propriété intéressante caractérisant l'opérateur **OWA**, est l'entropie H. Ce facteur reflète le taux d'information impliqué dans le calcul de la valeur agrégée. L'entropie est exprimée par la contrainte suivante :

$$H(w) = -\sum_{i=1}^{n} w_i ln(w_i) \qquad (2.19)$$

Si pour un certain rang k, $w_k = 1$ et $w_i = 0, i \neq k$ alors $H(w) = 0$ (le minimum de l'entropie), ce qui signifie que OWA utilise un minimum de composantes (critères) dans le calcul de la valeur agrégée. Par contre, si $w_i = 1/n, i = 1, \dots, n$ alors $H(w) = ln(n)$ prend la valeur maximale, ce qui signifie que OWA utilise un maximum de critères dans le calcul de la valeur agrégée.

2.3.6. Intégrale de Choquet

L'intégrale de Choquet [Grabisch et Roubens, 2000 ; Grabisch et Perny, 1999] recouvre toute une gamme de fonctions d'agrégation (e.g., Min, Max, OWA, etc.) dans laquelle les poids dépendent non seulement du rang des critères (comme dans la moyenne pondérée ordonnée), mais aussi d'une *mesure floue* (appelée *capacité*). Cette mesure permet d'étendre la notion de poids à un sous-ensemble de critères, afin d'exprimer leur degré d'interaction.

Définition 2.14 (Capacité). *Étant donnée une suite $N = \{1, \dots, n\}$ désignant un ensemble de critères. Une capacité est une fonction $\mu :$ $2^N \to [0,1]$, telle que $\mu(\emptyset) = 0, \mu(N) = 1$ et $\forall A, B \in 2^N, A \subseteq B \Rightarrow$ $\mu(A) \leq \mu(B)$. La capacité est dite additive si $\mu(S \cup T) = \mu(S) +$ $\mu(T)$ pour n'importe quels deux sous-ensembles disjoints $S, T \subseteq N$. La capacité est dite basée sur la cardinalité si et seulement si pour tout $T \subseteq N$, $\mu(T)$ dépend seulement de la cardinalité de T.*

Définition 2.15 (Intégrale de Choquet). *Étant donnée une capacité μ, l'intégrale de Choquet (voir par exemple [Grabisch, 2005a]) est une* *intégrale, par rapport à une capacité μ sur une solution réalisable $y = \langle y_1, y_2, ..., y_n \rangle$, est donné par :*

$$U(y) = C_\mu(y) = \sum_{i=1}^{n} \left[y_{\sigma(i)} - y_{\sigma(i-1)} \right] \mu(X_{\sigma(i)}) \qquad (2.20)$$

où $\sigma(.)$ est une permutation sur $\{1, ..., n\}$ telle que $0 = y_{\sigma(0)} \leq y_{\sigma(1)} \leq y_{\sigma(2)} \leq ... \leq y_{\sigma(n)}$; $X_{\sigma(i)} = \{ j \in N | \ y_j \geq y_{\sigma(i)} \} = \{ \sigma(i), \sigma(i+1), ..., \sigma(n) \}$, $\forall i \in N$ et $X_{\sigma(n+1)} = \emptyset$.

Dans le contexte de l'agrégation, $\mu(A)$ peut être vu comme étant l'importance du sous-ensemble $A \subseteq N$ de critères dans la décision. On note que $X_{\sigma(i+1)} \subseteq X_{\sigma(i)}$ et donc $\mu(X_{\sigma(i+1)}) \leq \mu(X_{\sigma(i)})$, $\forall i \in N$. Ainsi, les poids w_i sont toujours positifs ou nuls. Lorsque la capacité μ est *additive* sur N, i.e., $\forall A, B \in 2^N$ tels que $A \cap B = \emptyset$ on a $\mu(A \cup B) = \mu(A) + \mu(B)$, l'intégrale de Choquet correspond à une moyenne pondérée [Galand *et al.*, 2010] avec $w_i = \mu(\{X_{\sigma(i)}\})$.

Exemple 2.8. *L'intégrale de Choquet sur l'alternative $y = \langle 7, 3, 20 \rangle$ est donnée par :*

$$C_\mu(a) = 3\mu(\{1, 2, 3\}) + (7 - 3)\mu(\{1, 3\}) + (20 - 7)\mu(\{3\})$$

L'intégrale de Choquet est utilisée lorsqu'on veut modéliser à la fois l'importance de chaque critère, et l'interaction entre les critères. Considérons, par exemple, le cas d'un choix entre quatre alternatives a, b, c et d évaluées sur deux critères (voir la figure 2.6). Suivant le critère de dominance, il est clair que la solution d est meilleure que la solution a. Néanmoins, le choix entre les autres paires de solutions dépend des préférences du décideur. A travers cette figure trois situations d'interaction peuvent être distinguées.

1. **Redondance :** La satisfaction de l'un des deux critères suffit pour qu'une alternative soit satisfaisante (voir la figure 2.6 - (a)). On a $\mu(\{1\}) = \mu(\{2\}) = 1$, et $\mu(\{1, 2\}) < \mu(\{1\}) + \mu(\{2\})$.

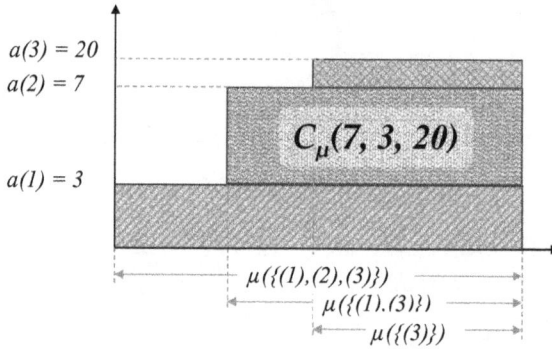

FIGURE 2.5.: L'intégrale de Choquet sur l'alternative $a = \langle 7, 3, 20 \rangle$ de l'exemple 2.8, calculée avec la formule (2.15).

2. **Complémentarité :** Pour qu'une alternative soit globalement satisfaisante, il faut qu'elle soit bonne sur les deux critères à la fois (voir la figure 2.6 - (b)). Ce qui équivaut à $\mu(\{1\}) = \mu(\{2\}) = 0$, et $\mu(\{1,2\}) > \mu(\{1\}) + \mu(\{2\})$.

3. **Indépendance :** Une situation d'absence d'interaction signifie que chaque critère apporte sa propre contribution dans l'évaluation de la satisfaction globale de l'alternative, indépendamment des autres critères (voir la figure 2.6 - (c)). Ce comportement se traduit par $\mu(\{1,2\}) = \mu(\{1\}) + \mu(\{2\})$.

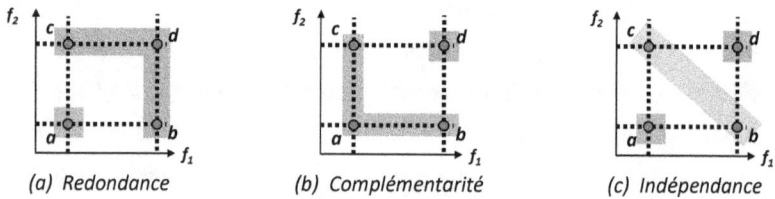

FIGURE 2.6.: Différents cas d'interaction : $(a) \, b \sim c \sim d \succ a$, $(b) \, d \succ a \sim b \sim c$ et $(c) \, d \succ b \sim c \succ a$.

L'inconvénient de l'intégrale de Choquet est qu'elle nécessite (dans le cas général) la connaissance de $2^n - 2$ coefficients.

Exemple 2.9. *Ici, on voudrait repérer les critères importants et ceux qui sont négligeables. Soit par exemple [Grabisch, 2005a] les valeurs de capacité :*

A	1	2	3
$\mu(A)$	0	0.2	0.2
A	$\{1,2\}$	$\{1,3\}$	$\{2,3\}$
$\mu(A)$	0.8	0.8	0.4

A partir de $\mu(1) = 0$, on peut déduire que le critère 1 est inutile. Par contre, le critère 1 devient important une fois combiné avec les autres critères, notamment les critères 2 et 3. On se pose la question sur comment mesurer le degré d'importance d'un critère ? Shapley (cf., [Grabisch, 2005a]) a montré que la seule définition possible est :

$$\phi(i) = \sum_{A \subseteq N \setminus i} \frac{(n - a - 1)!a!}{n!} [\mu(A \cup \{i\}) - \mu(A)]$$

avec $a = |A|$, le cardinal de A. En appliquant cet indice à l'exemple, on obtient : $\phi(1) = 0.4$, $\phi(2) = \phi(3) = 0.3$. Avec un tel indice, on peut constater que des capacités différentes peuvent avoir les mêmes indices d'importance. On se pose ainsi la question : comment distinguer deux capacités ayant le même indice d'importance ? La réponse à cette question réside dans la définition d'un nouvel indice, celui de l'interaction. En reprenant l'exemple 2.9, on constate que les deux critères 1 et 2, pris individuellement, ne sont pas importants ; par contre, leur réunion est importante. On dit qu'il y a un phénomène de synergie [Grabisch, 2005a] entre ces deux critères ; les deux critères sont complémentaires. On peut définir la quantité de synergie entre deux critères i et j par la formule $\mu(\{i,j\}) - \mu(\{i\}) - \mu(\{j\})$. Dans notre exemple, la synergie entre 1 et 2 est 0.6, alors qu'entre 2 et 3, elle est nulle. On pourrait donc avoir le phénomène inverse où les critères sont individuellement importants, mais leur réunion ne serait pas plus importante. On parle dans ce cas, de critères redondants ou substituables.

L'indice d'interaction [Grabisch, 2005a] entre deux critères i et j est la moyenne de la quantité de synergie entre i et j en présence d'un groupe A, pour tous les groupes A possibles :

$$I_{i,j} = \sum_{A \subseteq N \setminus \{i,j\}} \frac{(n-a-2)!a!}{n!} [\mu(A \cup \{i,j\}) - \mu(A \cup \{i\}) - \mu(A \cup \{j\}) + \mu(A)].$$

Dans l'exemple 2.9, on a $I_{1,2} = I_{1,3} = 0.3$ alors que $I_{2,3} = -0.3$ montrant que la synergie entre les critères 2 et 3 est négative. Avec ces définitions d'indices d'importance et d'interaction, il a été constaté qu'en pratique [Grabisch, 2005a], il est difficile d'avoir des capacités ayant les mêmes indices d'importance et d'interaction. On peut démontré que pour $n = 2$, il est impossible d'avoir deux capacités ayant les mêmes indices. Pour $n > 2$, si les capacités ont les mêmes indices, on pourrait les distinguer en faisant appel à la synergie entre 3 critères

$$\mu(\{i,j,k\}) - \mu(\{i,j\}) - \mu(\{i,k\}) - \mu(\{j,k\}) + \mu(\{i\}) + \mu(\{j\}) + \mu(\{k\}).$$

Pour $n \leq 3$, on ne peut pas avoir deux capacités ayant les mêmes indices entre 2 et 3 critères. D'une façon plus générale : étant donné un problème à n critères, une capacité est déterminée de façon unique par ses indices d'importance et d'interaction entre 2, 3 et jusqu'à n critères.

La puissance de l'intégrale de Choquet qui réside dans sa prise en charge précise de l'interaction entre les critères, est pénalisée par la nécessité de définir $2^n - 2$ paramètres. Cependant, il existe des capacités particulières qui nécessitent moins de coefficients. C'est le cas tout particulièrement des capacités k-additives. Une capacité est dite k-additives, si tous ses indices d'interaction sont nuls à partir de k critères. Ainsi, dans une capacité 1-additive, l'intégrale de Choquet correspond à une simple somme pondérée. Une capacité 2-additives nécessite seulement $\frac{n(n+1)}{2} - 1$ coefficients.

En pratique [Grabisch, 2005a], il a été constaté que l'on gagne peu en précision en passant d'une capacité 2-additives à une capacité supérieure.

2.4. Approches d'élicitation

Sans être exhaustif, nous exposons un ensemble de méthodes d'élicitation relatives aux différentes composantes de la décision multicritère, et tout particulièrement des méthodes d'agrégation. La littérature de l'élicitation s'est énormément développée récemment. Cependant, les références exposées dans cette section sont parmi les plus souvent citées.

UTA et élicitation des fonctions d'utilité dans un modèle additif

La méthode UTA (UTilité Additives) de Jacquet-Lagrèze et Siskos [Jacquet-Lagreze et Siskos, 1982] a été proposée pour construire les fonctions d'utilité additive de la forme $U(a) = \sum_{i=1..n} u_i(a^i)$, où u_i est continue, non-décroissante et affine par morceaux dans l'intervalle $[t_i, T_i]$ de variation de l'attribut a^i : $\forall i \in 1..n, a \in \mathcal{A}, t_i \leq a^i \leq T_i$. En raison du fait que cette méthode a été à l'origine de plusieurs méthodes d'élicitation, nous exposons son modèle linéaire en détail. UTA procède en plusieurs étapes :

1. Soit B un sous-ensemble d'alternatives. Pour toute paire $a, b \in B$, nous avons un des deux cas :

   a) a est préférée à b : $a \succ b$,

   b) a est indifférente de b : $a \sim b$.

2. Subdiviser uniformément l'intervalle $[t_i, T_i]$ en $\pi_i - 1$ sous-intervalles $[z_{i,j}, z_{i,j+1}]$, avec $j = 1..\pi_i - 1$, $i = 1..n$, $z_{i,1} = t_i, z_{i,\pi_i} = T_i$.

2. Décision multicritère

3. Pour toute composante $b_i (i = 1..n)$ du vecteur $b \in B$, il existe j tel que $b_i \in [z_{i,j}, z_{i,j+1}]$. $u_i(b_i)$ est approximée par

$$u_i(b_i) = u_i(z_i) + \frac{u_i(z_{i,j+1}) - u_i(z_{i,j})}{z_{i,j+1} - z_{i,j}}(b^i - z_{i,j}).$$

Pour tout $b \in B$, $U(b)$ est évaluée comme suit :

$$U(b) = \sum_{i=1..n} u_i(b^i) + \epsilon_b$$

où ϵ_b est une erreur d'approximation.

4. Nous avons les contraintes linéaires issues des préférences :

$$a \sim b \iff U(a) - U(b) = 0$$
$$a \succ b \iff U(a) - U(b) \geq \delta,$$

où δ est une valeur positive, représentant une valeur d'écart.

5. Notons $u_{i,j} = u_i(z_{i,j}), i = 1..n, j = 1..\pi_i$. On obtient finalement le PL suivant :

$$
\begin{cases}
min & \sum_{b \in B} \epsilon_b \\
s.t. & \\
& \sum_{i=1..n}[u_i(a^i) - u_i(b^i)] + \epsilon_a - \epsilon_b \geq \delta, \forall a, b \in B, a \succ b \\
& \sum_{i=1..n}[u_i(a^i) - u_i(b^i)] + \epsilon_a - \epsilon_b = 0, \forall a, b \in B, a \sim b \\
& u_{i,j+1} \geq u_{i,j}, \forall i = 1..n, j = 1..\pi_i \\
& u_{i,1} = 0, \forall i = 1..n \\
& \sum_{i=1..k} u_{i,\pi_i} = 1 \\
& u_{i,j} \geq 0, \forall i \in 1..n, j = 1..\pi_i \\
& \epsilon_a \geq 0, \forall a \in B
\end{cases}
$$

$$(2.21)$$

L'objectif est donc de construire les fonctions d'utilité individuelles u_i (et donc des relations de préférence associées aux critères) reflétant au mieux la préférence globale disponible sur les alternatives B. C'est pour cette raison que cette méthode est dite "par désagrégation". La solution du programme linéaire final (2.21) fournira les valeurs des utilités individuelles des alternatives minimisant l'erreur, et donc s'approchant le mieux de la forme additive supposée.

Plusieurs variantes (e.g., UTASTAR, UTAMP1, UTAMP2, Stochastic UTA, etc.) [Jacquet-Lagrèze et Siskos, 2001] de UTA ont été proposées dans la littérature. Il existe des variantes modélisant autrement la relation de préférence globale ou posant d'autres fonctions objectifs du programme linéaire. On peut citer des modèles utilisant le critère de Kendall, ou encore supposant un ordre lexicographique. UTA a aussi été à l'origine de plusieurs méthodes par désagrégation, comme par exemple PREFCALC. La littérature abondante sur UTA est suffisamment exposée dans [Jacquet-Lagrèze et Siskos, 2001]. Il existe plusieurs travaux récents sur UTA, notamment celui de [Nguyen, 2013] proposant une reformulation de UTA résolue avec un algorithme par séparation/évaluation donnant de bons résultats si le nombre de critères est largement inférieur à celui des variables. UTA^{GMS} [Greco et al., 2003 ; Figueira et al., 2009] est une extension de UTA, qui considère notamment plusieurs types de fonctions additives, et les fonctions d'utilité des critères sont considérées monotone non-décroissantes (alors que UTA les suppose linéaires par morceaux). La méthode GRIP [Figueira et al., 2009] étend UTA^{GMS} en prenant en compte des informations préférentielles additionnelles sur l'intensité des préférences entre des paires d'alternatives.

AHP et élicitation hiérarchique

La démarche AHP (*Analytic Hierarchy Process*) [Saaty, 1980] comprend plusieurs étapes. La première étape consiste à décomposer le problème multicritère en sous-problèmes organisés sous une forme hiérarchique. Les feuilles représentent les alternatives et les nœuds internes les critères. Pour évaluer l'importance d'une alternative, une comparaison entre toutes les paires d'alternatives est quantifiée et stockée dans une matrice A. Ainsi, la matrice A contient les élément $A_{i,j}$ quantifiant l'importance relative de l'alternative i par rapport à l'alternative j. Si on suppose que la fonction d'agrégation [Saaty, 2003 ; Felföldi et Kocsor, 2004] est une somme pondérée $U(a) = \sum_{i=1..n} w_i a_i$, alors w_i reflète l'importance de a par rapport au critère i. Les poids w_i sont calculés en exploitant les matrices de comparaisons, en supposant notamment que $A_{i,j} \approx \frac{w_i}{w_j}$. Il a été démontré que le calcul de w peut se ramener au calcul d'un vecteur propre.

KAPPALAB et élicitation de la capacité

L'utilisation de l'intégrale de Choquet nécessite les valeurs de la fonction de capacité. Le système **KAPPALAB** [Grabisch *et al.*, 2008] propose une panoplie de méthodes pour éliciter la fonction de capacité. Pour identifier la capacité, nous supposons la disponibilité d'une information préférentielle sur la fonction d'utilité globale ou encore sur la relation de préférence entre un sous-ensembles d'alternatives $\mathcal{O} \subseteq \mathcal{A}$. Les modèles d'élicitation disponibles dans **KAPPALAB** sont des modèles d'optimisation qui diffèrent suivant la forme de la fonction objectif ou encore suivant la nature de l'information préférentielle. En d'autres termes, on voudrait apprendre la fonction capacité à partir de l'information préférentielle dans $\mathcal{O}$. L'information partielle peut être un ordre partiel entre les alternatives de $\mathcal{O}$, un ordre partiel entre les critères, ou encore un ordre partiel entre les valeurs de la capacité d'un certain nombre de sous-ensembles de critères. Cette information préférentielle est automatiquement traduite en un système de contraintes sur les valeurs des capacités. Bien évidemment, le nombre de variables du modèle est de l'ordre de 2^n, qui devient non réaliste si le nombre de critères est important. C'est pour cette raison que le modèle d'élicitation pour l'intégrale de Choquet nécessite une hypothèse de k-additivité des capacités. Suivant la nature du modèle d'élicitation, plusieurs approches de résolution sont proposées, comme par exemple la programmation linéaire, ou encore la méthode des moindres carrées. Pour plus de détails, nous recommandons au lecteur de consulter la référence [Grabisch *et al.*, 2008].

Élicitation dans un modèle additif avec des paramètres incertains

Plusieurs démarches sont proposées dans la littérature pour la décision et l'élicitation dans un environnement incertain. Sage et White en 1984 [White *et al.*, 1984] ont initié ISMAUT (*imprecisely specified multiattribute utility theory*) qui est une extension du cadre classique de décision multicritère en supposant des valeurs incertaines au niveau des valeurs d'utilité ou des poids.

La démarche ARIADNE (*Aid based on DomiNance structural information Elicitation*) [Sage et White, 1984] permet d'inférer la relation de préférence globale en supposant des valeurs d'utilité incertaines en utilisant les intervalles dans un modèle additif pondéré. Chaque valeur incertaine est manipulée sous forme d'un intervalle. Au niveau de chaque paire d'alternatives (a, b), ARIADNE essaye de trouver une pondération montrant la dominance $a \succ b$ en résolvant un programme linéaire. Ainsi, plusieurs programmes linéaires sont résolus inférant les poids sous forme hiérarchique, et générant ainsi la structure de préférence.

Elicitation des utilités avec min/max regret

Wang et Boutillier [Wang et Boutilier, 2003] ont proposé une approche d'élicitation de la fonction d'utilité incomplète dans une démarche min-max regret, que nous exposons brièvement. Cette approche suppose l'existence d'une fonction $Pr_d(s)$ mesurant la probabilité qu'une valeur agrégée (outcome) s soit réalisée quand le système adopte la décision $d \in D$. La fonction d'utilité $u : S \to [0, 1]$ associe la valeur $u(s)$ pour toute valeur agrégée s. Soit n le nombre de valeurs agrégées dans S, on a $u_i = u(s_i), s_i \in S, i = 1..n$. La valeur agrégée attendue EU d'une décision d par rapport à une fonction d'utilité u est définie comme suit :

$$EU(d, u) = \sum_{s_i \in S} Pr_d(s_i)u_i.$$

Notons que EU est linéaire en u. Sur la base de cette formulation probabiliste, un modèle min-max regret est établi. La démarche nécessite la résolution de $O(|D|^2)$ programmes linéaires résonnant sur toutes les paires de décision. Enfin, cette solution min-max regret a été étendue, dans un cadre itératif et incrémental, pour tenir compte des cas où la solution min-max regret a un niveau de regret non acceptable par l'utilisateur.

Elicitation de l'opérateur d'ordre lexicographique

L'élicitation de l'opérateur lexicographique a été abordée dans les travaux suivants : [Booth *et al.*, 2010] construisent la relation de préférence en supposant un ordre lexicographique entre les critères ; [Dombi *et al.*, 2007] proposent un algorithme dédié pour éliciter l'ordre entre les critères ; [Kohli et Jedidi, 2007] présentent une analyse détaillée sur l'opérateur lexicographique, avec des algorithmes dédiés pour inférer l'ordre entre les critères.

Elicitation de préférences

Le problème de l'élicitation des préférences a été abordé, et concrétisé par de nombreux travaux [Delecroix *et al.*, 2012 ; Boutilier *et al.*, 2010 ; Escoffier *et al.*, 2008 ; Zheng, 2012 ; Vincent, 2003] développés au sein de la communauté d'aide multicritère à la décision. Ces travaux englobent à la fois des algorithmes et des procédures cognitives et itératives de recherche, de découverte, d'acquisition et d'apprentissage des préférences du décideur, et elles sont préconisés comme moyens pour restreindre le domaine de préférences admissibles qui permet de prendre une bonne décision.

2.5. Conclusion

Nous avons exposé dans ce chapitre les fondements de la décision multicritère, et les notations usuelles nécessaires pour aborder convenablement la suite de ce manuscrit. Nous avons détaillé les méthodes d'agrégation multicritère. A la fin de ce chapitre, nous avons présenté un état de l'art résumant les travaux effectués sur la problématique d'élicitation en optimisation multicritère. Le chapitre suivant est consacré à la présentation des outils de modélisation et de résolution, à savoir la programmation par contraintes, la programmation linéaire en nombres entiers, et les statistiques descriptives.

Cette page est laissée blanche intentionnellement

3. Outils de modélisation et de résolution

C E chapitre présente les méthodes et les outils de modélisation et de résolution, dont nous allons nous servir dans nos approches d'élicitation de paramètres des méthodes d'optimisation multicritère. Nous rappelons brièvement la programmation linéaire en nombres entiers. Puis, nous détaillerons la programmation par contraintes qui sera utilisée dans plusieurs de nos approches. Une dernière section sera consacrée aux méthodes issues de la théorie des statistiques descriptives, qui nous servira dans une méthode gloutonne d'élicitation pour la méthode lexicographique.

Sommaire

3.1. Programmation linéaire en nombres entiers

La programmation linéaire (PL) est considérée comme un outil de base en recherche opérationnelle. Elle comprend des techniques puissantes qui permettent de résoudre un grand nombre de problèmes d'optimisation. Les problèmes d'optimisation sont des problèmes sous contraintes avec une fonction objectif f. Résoudre ces problèmes avec la PL consiste à chercher le minimum (resp. le maximum) de la fonction f, tout en assurant la satisfaction d'un certain nombre de contraintes exprimées sous formes d'équations linéaires. La difficulté de la résolution est centrée sur deux points : (i) déterminer l'ensemble des points qui satisfont les contraintes, et (ii) trouver leur minimum. On distingue dans la programmation linéaire, la programmation linéaire en nombres réels (où les variables sont continues) et la programmation linéaire en nombres entiers.

La programmation linéaire en nombres entiers (PLNE)[1] [Wolsey, 1998] est l'une des méthodes les plus utilisées pour le traitement des problèmes d'optimisation, en raison de sa rigueur, sa flexibilité et ses possibilités étendues de modélisation. Un programme PLNE est un programme linéaire (PL) avec la restriction supplémentaire que certaines, mais pas nécessairement la totalité des variables doivent être entières, voire restreintes au domaine booléen $\{0, 1\}$. On dit que les variables sont soumises à des *contraintes d'intégralité*[2]. En général, un modèle PLNE implique :

- Un ensemble de variables de décision ;
- Un ensemble de contraintes linéaires, où chaque contrainte exige qu'une fonction linéaire des variables de décision est soit égale à, inférieure à, ou supérieure à une valeur scalaire ;

---

1. En anglais, *Mixed-Integer Linear Programming* (MILP, MIP).
2. Un problème de programmation linéaire classique (PL) sera, a contrario, dit en *variables continues*.

- Une fonction objectif qui évalue la qualité de la solution.

Résoudre un problème **PLNE** consiste à trouver la meilleure solution pour la fonction objectif parmi l'ensemble des solutions qui satisfont toutes les contraintes. Un problème **PLNE** prend la forme :

$$
\begin{aligned}
\texttt{Optimize} \quad & c^T x \\
\texttt{subject to} \quad & Ax \ (\leq, =, or \geq) \ b \\
& x_i \in \mathbb{Z}, i = 1..p \\
& x_i \in \mathbb{R}, i = p + 1..n
\end{aligned}
$$

où x représente le vecteur des variables de décision, p est une valeur entière positive, les valeurs $c_j, \forall j = 1, ..., n$ sont appelées coefficients objectifs, A est une matrice de coefficients de taille $m \times n$, et b est un vecteur du second membre de taille $m \times 1$ associé au système de contraintes linéaires.

Afin de résoudre efficacement les problèmes en nombres entiers, on utilise la méthode de recherche arborescente par *séparation et évaluation* (ou *branch-and-bound* en anglais) couramment utilisée dans le domaine de la recherche opérationnelle. Cette méthode repose sur une approche "diviser-pour-régner", i.e., diviser le problème original en un certain nombre de sous problèmes plus faciles à résoudre. Pour plus de détails voir les références [Wolsey, 1998 ; Papadimitriou et Steiglitz, 1998 ; Lawler et Wood, 1966].

3.2. Programmation par contraintes (PPC)

« *Constraint programming represents one of the closest approaches computer science has yet made to the Holy Grail of programming : the user states the problem, the computer solves it.* » Eugene C. Freuder, Inaugural issue of the Constraints Journal , 1997

3.2.1. Cadre général de la PPC

La programmation par contraintes (**PPC**) [Rossi *et al.*, 2006 ; Régin, 2011 ; Lecoutre, 2013] est un paradigme puissant de *programmation déclarative*, désignant en même temps un formalisme et un ensemble de méthodes pour modéliser et résoudre des problèmes combinatoires (e.g., allocation des ressources, planification et ordonnancement). Ce paradigme est basé sur la notion de *réseau de contraintes* (ou jeu de contraintes) [Montanari, 1974], qui est formellement défini par le triplet $\langle X, D, C \rangle$ où :

- $X = \{X_1, ..., X_n\}$ est un ensemble de n variables de décision ;
- $D = \{D_{X_1}, ..., D_{X_n}\}$ est l'ensemble des domaines des variables, où D_{X_i} est un ensemble fini (en général) de valeurs potentielles pour X_i ;
- C est un ensemble fini de contraintes, où chaque contrainte $c \in C$, se réfère à un ensemble de tuples autorisés $R(c)$ sur une séquence de variables $X(c) \subseteq X$ appelée sa *portée*. La taille de $X(c)$ est l'*arité* de la contrainte c. On dit qu'une contrainte est :
- *Unaire* si son arité est égale à 1 ($X(c)$ est un singleton) ;
- *Binaire* si son arité est égale à 2 (elle porte sur 2 variables) ;
- *N-aire* si $|X(c)| = n$ (elle met en relation un ensemble de n variables). Dans ce cas la contrainte est dite *globale*.

Une contrainte peut être définie en *extension*, ou en *compréhension* (*intension*) :

- Pour définir une contrainte en extension, il suffit d'énumérer explicitement les tuples de valeurs qu'elle autorise (ou interdit). Par exemple, si les domaines des variables x et y contiennent les valeurs 0, 1 et 2, alors on peut définir la contrainte (x est plus grande que y) en extension par $(x = 1 \wedge y = 0) \vee (x = 2 \wedge y = 0) \vee (x = 2 \wedge y = 1)$, ou encore par $(x, y) \in \{(1, 0), (2, 0), (2, 1)\}$.
- Pour définir une contrainte en compréhension, il suffit d'uti-

liser une expression mathématique $(x > y)$, ou une formule logique $(A \wedge B \Rightarrow C)$, ou par une contrainte globale (par exemple All-different$(x_1, ..., x_n)$).

Une instanciation (ou affectation) v d'un ensemble de variables S est une fonction qui associe à chaque variable $x \in S$ une valeur $v(x)$ de son domaine D_x. Une solution est une instanciation complète qui satisfait toutes les contraintes. Le problème qui consiste à trouver une solution à un réseau de contraintes est appelé *problème de satisfaction de contraintes* (CSP), et est, en général, un problème NP-complet [3]. L'ensemble des solutions réalisables d'un CSP est noté $sol(X, D, C)$. Nous montrons à travers l'exemple 3.1, comment modéliser le problème des n-reines sous la forme d'un CSP.

Exemple 3.1 (Problème des n-reines avec $n = 4$). *Il s'agit de placer 4 reines sur un échiquier comportant 4 lignes et 4 colonnes, de manière à ce qu'aucune reine ne soit en prise. On rappelle que 2 reines sont en prise si elles se trouvent sur une même diagonale, une même ligne ou une même colonne de l'échiquier.*

Afin de déterminer la position de chaque reine i, on définit une variable x_i par colonne dont la valeur représente la position (i.e., numéro de la ligne) de la $i^{ème}$ reine. Ce problème est modélisé avec le CSP suivant :

$$
\begin{aligned}
X &= \{x_1, x_2, x_3, x_4\} \\
D &= \{D_{x_1}, D_{x_2}, D_{x_3}, D_{x_4}\} \text{ où}, D_{x_1} = D_{x_2} = D_{x_3} = D_{x_4} = \{1, 2, 3, 4\} \\
C &= \{x_i \neq x_j, && 1 \leq i < n, \\
&\quad\ x_i \neq x_j + (j - i), && 1 \leq i < j \leq n, \\
&\quad\ x_i \neq x_j - (j - i), && 1 \leq i < j \leq n\}
\end{aligned}
$$

Ce CSP admet comme solutions : $\langle x_1, x_2, x_3, x_4 \rangle = \langle 2, 4, 1, 3 \rangle$ *ou* $\langle 3, 1, 4, 2 \rangle$

---

3. Ce qui signifie que, dans le pire des cas, le temps de résolution croît de façon exponentielle, à mesure que la taille du problème augmente.

Filtrage

Afin de définir ce qu'est un filtrage, on commence par définir ce qu'est une consistance locale.

Définition 3.1 (Consistance locale). *La consistance locale est liée à la notion de faisabilité d'une solution partielle. Formellement, une valeur v appartenant au domaine d'une variable x ($v \in D_x$) est dite localement consistante, si et seulement si pour toute contrainte c impliquant la variable x, il existe une instanciation des variables appartenant à $X(c)$ telle que c soit vérifiée.*

La méthode de *filtrage* consiste à réduire les domaines des variables non affectés, en retirant les valeurs qui n'appartiendront à aucune solution (i.e., localement inconsistantes). Il existe plusieurs types de consistance, qui diffèrent selon le type de la contrainte.

Consistance de nœud Une contrainte unaire c est nœud-consistante si les valeurs de la variable singleton $x \in X(c)$ sont toutes consistantes. Ce type de consistance est simple, rapide, mais souvent inefficace (la réduction des domaines est faible).

> **Exemple 3.2.** *Soit une variable x dont le domaine est $D_x = \{0, 2, 4, 7\}$. Pour effectuer le calcul de consistance de nœud pour la contrainte $x \leq 3$, il suffit d'enlever du domaine D_x les valeurs 4 et 7.*

Consistance d'arc Une contrainte binaire c est arc-consistante si toutes les valeurs associées aux variables appartiennent aux solutions de cette contrainte $R(c)$. Un **CSP** est arc consistant (ou *localement consistant*) si toutes ses contraintes sont arc consistantes. Le mécanisme de *propagation de contraintes* [Schulte et Stuckey, 2008 ; Tack, 2009] permet d'assurer la consistance des domaines des variables avec chaque contrainte.

> **Exemple 3.3.** *Soient deux variables x et y ayant respectivement pour domaines, $D_x = \{0, 1, 2, 3, 4\}$ et $D_y = \{0, 1, 2, 3\}$. La*

*contrainte binaire $x < y$ permet d'éliminer (par arc-consistance)
les valeurs 3 et 4 du domaine D_x ; et la valeur 0 du domaine D_y.*

En général, la complexité (dans le pire des cas) de l'algorithme
de filtrage par arc-consistance est en $\mathcal{O}(|D_x| \times |D_y|)$ sur les
contraintes binaires. En effet, dans notre exemple, on doit tester
toutes les valeurs de D_x et D_y. On peut trouver dans la littérature plusieurs versions de l'algorithme d'arc-consistance (en
anglais AC pour *Arc Consistency*), chaque version étant plus
efficace que la précédente, e.g., AC1-3 [Mackworth et Freuder,
1985], AC4 [Mohr et Henderson, 1986], AC5 [Hentenryck *et al.*,
1992], AC6 [Bessière, 1994] et AC7 [C.Bessière *et al.*, 1999].

Consistance de bornes On peut remarquer que la contrainte $x < y$
est arc consistante si et seulement si : $min(x) < min(y)$ et
$max(x) < max(y)$. On doit donc éliminer toutes les valeurs du
domaine D_x qui sont $\geq max(y)$, et toutes les valeurs du domaine
D_y qui sont $\leq min(x)$. Ce traitement a une complexité en $\mathcal{O}(1)$.
Les deux règles qu'on vient de définir sont appelées *règles de propagation*. Sur notre exemple 3.3, ces règles sont définies sur les
bornes des domaines des variables. La consistante qui en résulte
est appelée consistance de borne. Sur les contraintes binaires
d'inégalité, la consistance de borne est équivalente à la consistance d'arc.

Dans le cas des problèmes à variables continues, on préfère ce
type de consistance de borne à la consistance de domaine (où le
nombre de valeurs est très grand).

Consistance d'arc généralisée (ou d'hyper-arc) Le mécanisme d'arc-
consistance peut être étendu aux contraintes n-aires[4]. Cependant, il est difficile en pratique d'assurer la consistance d'hyper-
arc, et dans le cas général on se limite aux méthodes d'arc-

---

[4]. Toute contrainte n-aire peut s'exprimer en termes de contraintes binaires. Ainsi, on peut
représenter un CSP n-aire comme un CSP binaire, et celui-ci peut être représenté par un *graphe
de contraintes*.

consistance. En effet, pour qu'une contrainte n-aire soit intéressante, il faut qu'elle permette de modéliser un sous-problème du problème de satisfaction de contraintes. A cet effet, elle doit être soit indécomposable, soit plus efficace (que les contraintes obtenues par décomposition) pourvue d'un algorithme de résolution [Fages, 1996].

La consistance locale la plus utilisée est la consistance d'arc (sur les domaines finis), car elle assure un meilleur compromis entre l'efficacité du filtrage et le temps de celui-ci.

3.2.2. Méthodes de résolution des CSP

Le but de la résolution est d'affecter des valeurs aux variables de telle sorte que toutes les contraintes soient satisfaites (i.e., une affectation totale et consistante). La démarche générale consiste à explorer l'espace de recherche, et terminer quand une affectation consistante est trouvée, ou bien quand l'inexistence d'une telle affectation est prouvée (CSP inconsistant).

Générer et Tester (*Generate and Test*) La méthode la plus simple pour chercher une solution d'un CSP consiste à générer l'ensemble des affectations "complètes" des variables, et à vérifier ensuite, si chacune des instantiations candidates générées est une solution valide du problème. La complexité de cette méthode naïve est alors exponentielle[5] en $\mathcal{O}(|d|^n)$ avec le nombre de variables, où d est la cardinalité moyenne des domaines des n variables. Sur des problèmes de grandes tailles, cette méthode est bien évidement impraticable.

Exemple 3.4. *Sur un problème ayant* 70 *variables binaires (*$|d| =$ 2), *on obtient au total* $2^{70} \simeq 10^{21}$ *affectations possibles (soit ap-*

---

5. On essaie tous les nœuds de l'arbre.

proximativement 317 *siècles de calcul avec un ordinateur effectuant un milliard (10^9) d'affectations par seconde).*

Retour-arrière (*Backtrack*) Le principe de cette méthode consiste à générer une affectation partielle consistante ; puis à étendre cette affectation partielle avec l'affectation d'une nouvelle variable. Ainsi, les variables du **CSP** sont instanciées jusqu'à ce qu'une contrainte (au moins) est violée [6]. Dans ce cas, l'algorithme remet en cause la dernière instanciation, et teste une autre valeur sur la variable courante. Si toutes les valeurs du domaine de cette variable ont été testées, sans succès, l'algorithme fait un retour arrière (*back-track*) sur la variable qui précède la variable courante. Ce processus s'arrête dès qu'une solution est trouvée, ou bien le retour arrière arrive à la racine de l'arbre de recherche sans qu'une solution ne soit trouvée. Cette méthode est plus efficace que "Générer et Tester" (en temps de calcul et en espace mémoire). En revanche, cette méthode souffre de certaines faiblesses :

- Exploration répétitive des combinaisons de valeurs inconsistantes (redondance).
- Reconsidération des instanciations qui ne sont pas à l'origine de l'inconsistance (pas de mécanisme d'identification des causes de conflit).
- Détection tardive des conflits.

Plusieurs améliorations de l'algorithme de *retours arrières* ont été faites, donnant jour à deux stratégies remarquables de *retours arrières intelligents*. La première stratégie est *prospective* (*look-ahead*), alors que l'autre fait partie des techniques *rétrospectives* (*look-back*) :

Look Ahead (ou anticipation) L'idée de cette méthode générique est d'anticiper l'effet de l'affectation d'une variable

---

6. On vérifie les contraintes dont les variables sont déjà affectées.

sur les domaines des variables restant à affecter. Ainsi, si le domaine d'une variable non affectée devient vide, ceci signifie qu'il est inutile de continuer à explorer la branche de l'affectation partielle courante qui ne peut pas aboutir à une solution. A cet effet, on retourne en arrière (*backtrack*) pour continuer l'exploration dans une autre branche. Cette méthode prospective permet d'améliorer le mécanisme d'exploration de *Backtrack* en prévoyant les échecs très tôt, et à moindre coût dans l'arbre de recherche.

Il existe 2 méthodes principales :

1. *Vérification en Avant (Forward Checking)* Avant d'affecter une valeur v à une variable X_i, on vérifie que toutes les autres variables non affectées, et qui sont liées à X_i par au moins une contrainte, possèdent au moins une valeur de leur domaine compatible avec v.

2. *Maintien de l'arc consistance (MAC)* Cette technique est basée sur l'intégration du mécanisme de la propagation de contraintes dans l'algorithme *backtrack* standard, dont le but est de maintenir la consistance d'arc pendant la recherche. Cet algorithme est considéré parmi les meilleurs algorithmes de résolution des CSP [Bessière et Régin, 1996].

Look-back Cette technique proposée dans [Dechter, 1990] essaye d'effectuer un retour arrière, directement vers la variable responsable de l'échec (*backjumping*). L'idée consiste à mémoriser les *nogood*[7], apparaissant lorsqu'une solution partielle ne peut être étendue, afin d'éviter de tomber plusieurs fois dans les mêmes impasses.

---

7. Un *nogood* est un sous-ensemble de l'instanciation courante responsable de l'échec.

Heuristiques

A chaque étape de l'algorithme du *backtrack*, une variable est choisie parmi celles qui n'ont pas encore été instanciées. L'ordre d'instanciation peut avoir des incidences importantes sur l'efficacité de l'algorithme de recherche *backtrack*. Malheureusement, cet algorithme ne met aucune restriction sur l'ordre d'instanciation des variables, ni sur l'ordre d'affectation des valeurs des domaines de ces variables. Il est donc possible d'intégrer des heuristiques explicitant l'ordre d'instanciation des variables et leurs valeurs. Dans cette optique, deux heuristiques peuvent être envisagées, à titre d'exemple, pour le choix de la variable à instancier :

- *Affectation Statique :* La prochaine variable à instancier est la plus contraignante.
- *Affectation Dynamique :* La prochaine variable à instancier est celle dont la cardinalité de son domaine est minimale.

3.2.3. Contraintes globales

Dans le mécanisme du filtrage introduit ci-dessus, chaque contrainte est examinée indépendamment des autres, ce qui représente une faiblesse[8]. En effet, la connaissance des autres contraintes peut, parfois, améliorer la réduction des domaines ou la détection d'une inconsistance globale.

---

8. Un CSP arc-consistant n'est pas une garantie qu'il existe une solution. Sauf si tous les domaines ont une cardinalité égale à un.

Exemple 3.5. *Soit le CSP défini par :*

$$X = \{x, y, z\}$$
$$D = \{D_x, D_y, D_z\} \text{ où, } D_x = D_y = D_z = \{1, 2\}.$$
$$C = \{C_1(x, y), C_2(x, z), C_3(y, z)\} \text{ où,}$$
$$C_1(x, y) : x \neq y,$$
$$C_2(x, z) : x \neq z,$$
$$C_3(y, z) : y \neq z.$$

Ce CSP est arc-consistant, mais une analyse simple de celui-ci permet de voir qu'il n'y a pas de solutions.

Une contrainte globale [Régin, 2011] est un sous-ensemble de contraintes, qui capture une sous-structure du problème initial, et auquel on associe un algorithme de filtrage spécialisé. Par exemple, la contrainte globale All-different développée dans le paragraphe suivant, permet de modéliser et filtrer efficacement les contraintes de différences.

Contrainte All-different

La contrainte globale la plus connue est, sans conteste, la contrainte de différence [Régin, 1994] All-different($x_1, x_2, ..., x_n$) qui exprime que toutes les valeurs affectées aux variables $x_1, x_2, ..., x_n$ doivent être deux à deux distinctes.

L'intérêt d'une telle contrainte dépasse clairement le gain en expressivité qu'elle offre par rapport à une représentation basée sur $n(n-1)/2$ contraintes binaires de différence du type $x_i \neq x_j$. Le rendement effectif de l'algorithme de filtrage qui lui est associé (fondé sur les couplages ou sur les flots) dépasse largement la capacité déductive de « simples » contraintes binaires de différences.

Contrainte Element

La contrainte globale Element [Beldiceanu *et al.*, 2007] permet d'utiliser une variable de décision comme indice d'un vecteur. Étant donné un vecteur d'entiers $v = \langle v_1, ..., v_n \rangle$, et deux variables de décision X et Y, telles que $D_X \subseteq \{v_1, ..., v_n\}$ et $D_Y \subseteq \{1, ..., n\}$. La contrainte Element$(Y, \langle v_1, ..., v_n \rangle, X)$ est satisfaite si la variable X est égale à la $y^{\text{ième}}$ valeur du vecteur $\langle x_1, ..., x_n \rangle$, i.e., $X = v_Y$.

Cette contrainte est équivalente à la contrainte explicite :

$$(X, Y) \in \{(v_i, i)\}_{i \in \{1, ..., n\}}$$

Exemple 3.6. *Soit le vecteur* $v = \{4, 6, 8, 12, 13\}$*. Soient deux variables de décision* X *et* Y*, ayant respectivement comme domaines* $D_X = \{7, 12\}$ *et* $D_Y = \{2, 3, 4, 5\}$*. En utilisant la contrainte globale* Element$(Y, \langle v_1, ..., v_n \rangle, X)$ *on trouve* $X = 12$ *et* $Y = 4$*.*

3.2.4. CSP sur-contraint

Lorsqu'un CSP n'a pas de solutions, on dit qu'il est *sur-contraint* : il y a trop de contraintes, et on ne peut pas toutes les satisfaire. Dans ce cas, on peut souhaiter trouver l'affectation totale qui viole le moins de contraintes possibles. Un tel CSP est appelé max-CSP [Rossi *et al.*, 2006], car on cherche à maximiser le nombre de contraintes satisfaites. Une autre possibilité est d'affecter un poids à chaque contrainte [9] (préférences entre les contraintes), et de chercher ensuite une affectation totale qui minimise la somme des poids des contraintes violées. Un tel CSP est appelé CSP valué (VCSP).

En outre, lorsqu'un CSP admet beaucoup de solutions différentes, on dit qu'il est *sous-contraint*. Si les différentes solutions ne sont pas toutes équivalentes, dans le sens où certaines sont mieux que d'autres, on peut exprimer des préférences entre les différentes solutions. Pour

---

9. Une valeur proportionnelle à l'importance de cette contrainte.

cela, on ajoute une fonction (appelée fonction objectif) qui associe une valeur numérique à chaque solution, valeur dépendante de la qualité de cette solution. L'objectif est alors de trouver la solution du CSP qui maximise cette fonction. Un tel CSP est appelé CSOP (*Constraint Satisfaction Optimisation Problem*).

3.2.5. Contrainte réifiée

Une contrainte réifiée [Apt, 2003] se compose d'une contrainte C, et d'une variable de décision booléenne B qui représente la valeur de vérité de cette contrainte, et on note $C \leftrightarrow B$. Par exemple, la contrainte $x = 2 \leftrightarrow B$ est équivalente à $(x = 2 \wedge B = 1) \vee (x \neq 2 \wedge B = 0)$. Les contraintes réifiées sont utilisées pour exprimer des formules propositionnelles sur les contraintes. Le plus souvent, elles sont utilisées pour exprimer des implications ou des équivalences entre les contraintes arbitraires C_1 et C_2. Par exemple :

$$C_1 \Leftrightarrow C_2 \quad \text{ssi} \quad B_1 = B_2$$
$$C_1 \Rightarrow C_2 \quad \text{ssi} \quad B_1 \leq B_2$$
$$B_1, B_2 \in \{0, 1\}$$

Les contraintes réifiées permettent également de résoudre les problèmes sur-contraints (max-CSP), pour lesquels seule une partie des contraintes énoncées peuvent être satisfaites [Apt, 2003]. Étant donné un problème max-CSP avec les contraintes réifiées : $C_1 \leftrightarrow B_1, ..., C_n \leftrightarrow B_n$. La résolution de ce max-CSP devient simplement une résolution d'un problème d'optimisation sous contraintes avec la fonction objectif $\sum_{i=1}^{n} B_i$ à maximiser.

Par ailleurs, le mécanisme de propagation de contraintes doit être proprement étendu aux contraintes réifiées. La propagation de la contrainte $C \leftrightarrow B$ revient à propager la contrainte disjonctive équivalente ($C \wedge$

$B) \vee (\neg C \wedge \neg B)$. Ensuite, pour chacune d'entre elles, des règles de propagation disjointes doivent être utilisées. Cependant, il ne faut pas confondre les contraintes réifiées avec les contraintes *souples (soft)*. Pour lever toute ambiguïté qui peut exister entre les contraintes réifiées et les contraintes souples, nous allons présenter dans la section suivante quelques concepts liés aux contraintes souples.

3.2.6. Contrainte souple

Une contrainte souple [Schiex *et al.*, 1995 ; Bistarelli *et al.*, 1997 ; Rossi *et al.*, 2006] est une contrainte qui peut être violée. Un coût de violation est mesuré pour chaque contrainte souple, et l'objectif est de minimiser la somme totale de violations sur l'ensemble des contraintes souples.

Définition 3.2 (Mesure de violation). *La mesure de violation d'une contrainte souple $C(x_1, x_2, ..., x_n)$ est une fonction μ définie comme suit :*

$$\mu : D_{x_1} \times ... \times D_{x_n} \to \mathbb{R}$$

Cette mesure de violation est représentée par une variable coût notée y.

On peut distinguer deux types de mesure de violation [10] :

1. La mesure de violation basée sur la variable μ_{var} compte le nombre minimum de variables à réinstancier afin de satisfaire la contrainte.

2. La mesure de violation basée sur une décomposition μ_{dec} compte le nombre des contraintes élémentaires qui sont violées dans la décomposition de la contrainte globale.

---

10. La procédure du filtrage prend en compte le coût, et un tuple peut être inconsistant parce qu'il ne conduit pas à une solution ayant *au moins* un coût donné.

Définition 3.3. *Soient les variables de décision* $\{x_1, x_2, ..., x_n, y\}$, *avec leurs domaines de définition respectifs* $\{D_{x_1}, D_{x_2}, ..., D_{x_n}, D_y\}$. *Soit* μ *la mesure de violation de la contrainte globale* **All-different**. *Alors,*

$$\texttt{soft-alldifferent}(x_1, x_2, ..., x_n, y, \mu) =$$
$$\{(d_1, d_2, ..., d_n, d) \mid \forall d_i \in D_{x_i}, d \in D_y, \mu(d_1, d_2, ..., d_n) \leq d\}$$

est la contrainte **All-different** *souple par rapport à* μ.

Exemple 3.7. *Soit le* *CSP* *suivant :*

$$\begin{cases} D_{x_1} = D_{x_2} = D_{x_3} = \{1, 2\}, D_{x_4} = \{1, 2, 3\}, D_y = \mathbb{Z}^+ \\ \texttt{soft-alldifferent}(x_1, x_2, x_3, x_4, y). \end{cases}$$

Suivant la définition (3.3) on trouve $\mu_{var}(2, 2, 2, 2) = 3$ *et* $\mu_{dec}(2, 2, 2, 2) = 6$.

3.2.7. Optimisation avec la PPC

La Programmation Par Contraintes résout des problèmes de satisfaction de contraintes (CSP), il s'agit de trouver une solution qui satisfait un ensemble de contraintes. Cependant, la PPC peut aussi être utilisée pour résoudre des problèmes d'optimisation [Oliva San Martin, 2004]. Ainsi, étant donné un réseau de contraintes $\langle X, D, C \rangle$, et une variable objectif (coût) $O \in X$, le but est de trouver une valeur $m \in D_O$ telle que $m = max\{v(O) | v \in sol(X, D, C)\}$.

3. Outils de modélisation et de résolution

Exemple 3.8. *Soit le CSP suivant :*

$$X = \{x, y, z\}$$
$$D = \{D_x, D_y, D_z\} \ où, D_x = D_y = D_z = \{1, ..., 10\}.$$
$$C = \{C_1(x, y), C_2(x, z), C_3(y, z)\} \ où,$$
$$C_1(x, y) : x + y = 10,$$
$$C_2(x, z) : x + z = 8,$$
$$C_3(y, z) : |y - z| = 2.$$

Une solution possible de ce CSP est donnée par l'affectation totale consistante : $(x, y, z) = (7, 3, 1)$. Si on considère la fonction objectif "$\max(x+y+z)$", alors la solution optimale devient $(x, y, z) = (1, 9, 7)$, où la valeur objectif à l'optimum est égale à 17.

La procédure par séparation-évaluation (*Branch and Bound*) est le schéma algorithmique de base pour résoudre les problèmes d'optimisation combinatoire. Brièvement, cette procédure consiste à chercher une première solution en parcourant l'arbre de recherche, à évaluer son coût v donné par la fonction objectif, et à continuer (ou à redémarrer) la recherche en ajoutant la contrainte de coût $F > v$. Cette contrainte est ensuite propagée afin de réduire l'arbre de recherche. Ce qui permet de ne parcourir que les nœuds susceptibles de contenir une solution potentiellement meilleure que la solution courante [Land et Doig, 1960]. Si en explorant l'arbre de recherche, cette procédure n'arrive pas à améliorer la meilleure solution trouvée, alors ceci constitue une preuve d'optimalité de la dernière solution (coût). L'ensemble des solutions optimales peut éventuellement être énuméré, en relançant une recherche avec le coût optimal qu'on vient de trouver.

On vient de terminer la présentation des outils dédiés à la modélisation et à la résolution exacte des problèmes combinatoires. Maintenant, nous introduisons les outils des statistiques descriptives qui vont nous servir pour concevoir des approches gloutonnes.

3.3. Statistique descriptive

La statistique descriptive [Brase et Brase, 2011 ; Moore, 2009] est la branche des statistiques qui regroupe un ensemble de techniques utilisées pour décrire (i.e., résumer, représenter, analyser ou encore interpréter) des données (ou objets de même nature) observables de tailles relativement importantes. Les données étudiées sont appelées *population*. Les éléments de la population sont appelés *individus* ou unités statistiques. La population est étudiée selon un ou plusieurs *caractères* (quantitatifs et/ou qualitatifs). Lorsque la population est trop vaste pour être étudiée dans son ensemble, on en prélève au hasard un *échantillon* que l'on étudie. Cependant, la taille de cet échantillon doit être suffisamment grande pour pouvoir tirer des conclusions sur la population totale. Les statistiques descriptives peuvent se résumer par le schéma suivant :

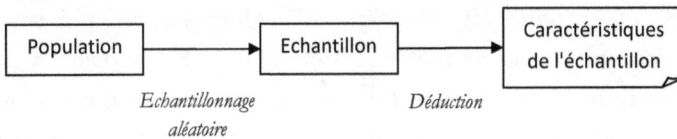

FIGURE 3.1.: Illustration simplifiée du principe des statistiques descriptives.

3.3.1. Définitions

Définition 3.4 (Distance *tau* de Kendall)**.** *La distance tau de Kendall [Kendall, 1938] est une métrique qui compte le nombre de désaccords par paires entre deux listes (τ_1, τ_2).*

$$K(\tau_1, \tau_2) = |\{(i,j) : i \in \{1, ..., n-1\}, j \in \{i+1, ..., n\},$$
$$(\tau_1(i) < \tau_1(j) \ \land \ \tau_2(i) > \tau_2(j))$$
$$\lor(\tau_1(i) > \tau_1(j) \ \land \ \tau_2(i) < \tau_2(j))\}| \tag{3.1}$$

Quand les deux listes sont identiques, alors $K(\tau_1, \tau_2) = 0$. Si τ_1 est strictement croissante, et τ_2 contient les mêmes éléments de τ_1 dans l'ordre inverse, alors $K(\tau_1, \tau_2) = n(n-1)/2$, où $n = |\tau_1| = |\tau_2|$. La complexité en temps de calcul de la métrique *tau* de Kendall est en $\mathcal{O}(n^2)$ [Xu *et al.*, 2007].

Exemple 3.9. *La distance tau de Kendall entre* $[0, 3, 1, 6, 2, 5, 4]$ *et* $[1, 0, 3, 6, 4, 2, 5]$ *est égale à six, i.e.,* $|\{(0, 1), (1, 2), (1, 4), (2, 5), (4, 5), (5, 6)\}| = 6$, *et toutes les autres paires sont dans le même ordre [Sedgewick et Wayne, 2011].*

Définition 3.5 (Hypothèse nulle et hypothèse alternative). *L'hypothèse nulle (notée H_0) [Maritz, 1995] affirme qu'il n'y a pas d'association entre deux variables aléatoires X et Y (ou que l'association observée n'est pas significative, et est due aux fluctuations d'échantillonnage), pour l'échantillon ou la population. Autrement dit, il est fort probable que le résultat est dû au hasard. L'hypothèse alternative notée H_A est la négation de H_0, elle est équivalente à dire « H_0 est fausse ». La décision de rejeter H_0 signifie que H_A est réalisée ou H_A est vraie [11]. L'acceptation ou le rejet de l'hypothèse H_0 est basée sur des tests statistiques, et le calcul des valeurs probabilistes appelées valeurs critiques ou encore P-value.*

Définition 3.6 (Test statistique). *Un test statistique [Zar, 1972] est une fonction des variables aléatoires représentant l'échantillon, dont la valeur numérique obtenue pour l'échantillon considéré permet de conclure si l'hypothèse H_0 est vraie ou fausse.*

---

11. L'hypothèse nulle et l'hypothèse alternative sont complémentaires l'une de l'autre.

A titre illustratif, le test statistique t sera développé au niveau de l'exemple 3.11.

Définition 3.7 (Valeur critique et valeur p). *Pour un test donné, la valeur critique [Neyman et Pearson, 1928] peut-être vue comme la valeur limite à partir de laquelle on pourra rejeter l'hypothèse H_0 avec un seuil de pertinence donné [12] α (généralement égal à 5% ou 1%). La valeur critique est obtenue en lisant dans la table de la loi statistique. En outre, la valeur p (en anglais p-value) est la probabilité d'obtenir la même valeur (ou une valeur plus extrême) du test statistique si l'hypothèse nulle était vraie. Une p-value [13] inférieure au seuil α permet de rejeter l'hypothèse H_0. On peut donc conclure que le résultat du test est statistiquement significatif.*

Normalisation des données L'unité de mesure utilisée peut affecter les résultats de l'analyse des données et aussi les résultats de certaines méthodes d'optimisation multicritère. Par exemple, convertir des unités de mesure du **Mètre** en **Pouces** pour la taille, ou du **Celsius** à **Fahrenheit** pour la température, peut conduire à des résultats très différents. En outre, beaucoup de méthodes d'analyse statistique (et notamment celles des statistiques paramétriques [Brase et Brase, 2011]) se basent sur l'hypothèse de normalité. Cependant, cette conformité n'est souvent pas assurée dans le cas des données brutes. Pour remédier à ce problème, on peut tenter plusieurs transformations normalisatrices. Ces transformations possèdent la propriété importante de réduire l'*hétéroscédasticité* des données, i.e., de stabiliser leur variance. Les techniques communément appliquées pour normaliser les données sont les suivantes :

---

12. Le seuil de pertinence indique la probabilité qu'un résultat soit dû au hasard.

13. Il est important de noter que la p-valeur ne mesure pas la force des corrélations, mais elle pourrait être utile pour déterminer s'il existe vraiment une corrélation. Ainsi, l'obtention d'une valeur $p = 0.001$, par exemple, ne signifie pas que la relation est nécessairement plus forte que si on a obtenu une valeur $p = 0.04$.

MinMax Cette technique de normalisation effectue une transformation linéaire sur les données originales [Al Shalabi *et al.*, 2006]. min_A et max_A sont respectivement le minimum et le maximum de n valeurs pour un attribut observé A. La normalisation Min-Max associe à une valeur v_i, de A une autre valeur v'_i dans le nouveau intervalle $[new\_min_A, new\_max_A]$ en calculant :

$$v'_i = \frac{v_i - min_A}{max_A - min_A}(new\_max_A - new\_min_A) + new\_min_A \tag{3.2}$$

Cependant, la normalisation des données qui se trouvent en dehors de la plage originale de données pose un problème [Han, 2005], car la valeur résultante va se situer en dehors du nouveau intervalle.

Décimal Ce type de normalisation peut être appliqué lorsque les valeurs d'une variable sont exprimées sur une échelle *logarithmique*. Par exemple, une variable ayant des valeurs dans l'intervalle $[0, 1000]$. La formule suivante peut être appliquée :

$$v'_i = \frac{v_i}{10^n} \tag{3.3}$$

où $n = log_{10}max(v_i)$.

Z-score est une technique de normalisation couramment utilisée en analyse statistique [Jain *et al.*, 2005]. La valeur Z (ou **Z-score**) est définie comme étant la différence entre la valeur considérée et la moyenne de la distribution, divisée par l'écart type. Autrement dit, une valeur Z comptabilise le nombre d'écart-types qu'un score brut est au-dessus ou au-dessous de la moyenne. Ainsi, la valeur normalisée d'une valeur brute v_i est donnée par la formule suivante :

$$v_i' = \frac{v_i - \mu}{\sigma} \qquad (3.4)$$

où μ est la moyenne arithmétique et σ est l'écart type des données fournies. Par exemple, sur une échelle qui a une moyenne de 500 et un écart-type de 100, une valeur de 450 est égale à un Z-score de $(450 - 500)/100 = -50/100 = -1/2$, ce qui signifie que cette valeur (450) est de un demi écart-type au-dessous de la moyenne.

3.3.2. Coefficient de corrélation rho de Spearman

Pour mesurer la relation entre deux variables aléatoires X et Y, on peut utiliser le coefficient de Pearson [Peter Y. Chen, 2004]. Cependant, ce coefficient n'est applicable que si X et Y ont une distribution de type *gaussien* et ne comportant pas de valeurs aberrantes. Si ces conditions ne sont pas vérifiées (ce qui est souvent le cas), l'emploi de ce coefficient peut entrainer des conclusions erronées sur la présence ou l'absence d'une relation linéaire. On note aussi que l'absence d'une relation linéaire ne signifie pas l'absence de toute relation entre les deux variables étudiées. Dans ce type de situations, le coefficient de corrélation de Spearman constitue une alternative intéressante au coefficient de corrélation de Pearson.

Définition 3.8 (Coefficient rho de Spearman). *Le coefficient de corrélation rho de Spearman (r_s) [Corder et Foreman, 2009] est une mesure de corrélation entre deux variables aléatoires X et Y. Il évalue dans quelle mesure une fonction monotone (croissante ou décroissante) pourrait décrire la relation (linéaire, exponentielle, puissance, etc) entre le rang (ou classement) des observations de ces deux variables. Ce coefficient est calculé avec la formule suivante :*

$$r_s = \frac{\sum_{i=1}^{n}(x_i - \overline{x})(y_i - \overline{y})}{\sqrt{\sum_{i=1}^{n}(x_i - \overline{x})^2 \sum_{i=1}^{n}(y_i - \overline{y})^2}} \tag{3.5}$$

où $x_i = rank(X_i)$ et $y_i = rank(Y_i)$ sont les rangs de la $i^{ème}$ valeur dans l'échantillon. Le coefficient de Spearman varie entre -1 et $+1$, et la valeur absolue de r_s désigne le taux de la monotonie.

Le rang des valeurs identiques est donné par la moyenne de leurs positions par rapport à l'ordre croissant de ces valeurs. Par exemple, si deux valeurs sont égales au 2ième plus grand rang, ils auront un rang de 2,5 (i.e., la moyenne de 2 et 3). Pour un échantillon de taille n, le coefficient rho de Spearman a une complexité en temps en $\mathcal{O}(n \log n)$, puisque la complexité de cette méthode est dominée par la complexité de l'algorithme de tri.

Pour les observations n'ayant pas de valeurs identiques, une formule plus simple peut être utilisée pour calculer le coefficient r_s [Maritz, 1995] :

$$r_s = 1 - \frac{6\sum_i d_i^2}{n(n^2 - 1)} \tag{3.6}$$

où les différences $d_i = x_i - y_i$ sont calculées entre les rangs de chaque observation sur les deux variables.

Exemple 3.10. *Le coefficient rho de Spearman entre* $[1,2,3,4,5,6,7]$ *et* $[1,2,3,5,4,7,6]$ *est égal à 0.929, synonyme d'une forte monotonie, tandis que le coefficient de Spearman entre* $[1,2,3,4,5,6,7]$ *et* $[1,\mathbf{7},3,4,5,6,\mathbf{2}]$ *est égal à 0.107, synonyme d'une faible monotonie.*

Après avoir calculé le coefficient *rho* de Spearman, il est impératif de valider le résultat obtenu par un test statistique (voir la définition

3.6) de la pertinence de la relation (absence de biais).

Exemple 3.11. *Le service chargé des ventes pour une entreprise a entrepris une étude de ses clients, afin de déterminer s'il existe une corrélation significative entre le nombre de livraisons effectuées par mois, et le nombre d'employés travaillant pour l'entreprise. Ils espéraient que cette information serait utile pour tenter de corréler les besoins futurs en matière d'équipement, avec une liste de clients en pleine expansion. Le tableau 3.1-(a) présente les données recueillies auprès de 12 clients choisis au hasard [Bluman, 2008].*

TABLE 3.1.: Jeux de données pour calculer le coefficient de corrélation *rho* de Spearman.

NB. livraisons (Y)	NB. employés (X)	# livraisons (Y)	# employés (X)
23	140	11	11
11	101	7	9
10	43	6	3
4	55	3	5
20	79	10	8
15	134	8	10
7	75	5	6
42	211	12	12
3	78	2	7
2	36	1	2
16	45	9	4
6	11	4	1

| (a) Échantillon de 12 couples d'individus. | (b) Données sous forme de classement. |

Dans une première étape, on transforme les données originales du tableau 3.1 - (a) à des rangs. On obtient donc les nouvelles données présentées dans le tableau 3.1 - (b). Ensuite, sur la base de ce dernier tableau, on calcule la valeur du coefficient *rho* de Spearman (r_s) en utilisant la formule (3.6), et on trouve :

$$r_s = 1 - \frac{6 \sum_{i=1..12} d_i^2}{12(12^2 - 1)}$$

$$= 1 - \frac{6(86)}{1716} = 1 - 0.301 = \mathbf{0.699}$$

TABLE 3.2.: Calcul du coefficient de corrélation *rho* de Spearman.

Y	X	d	d^2
11	11	0	0
7	9	-2	4
6	3	3	9
3	5	-2	4
10	8	2	4
8	10	-2	4
5	6	-1	1
12	12	0	0
2	7	-5	25
1	2	-1	1
9	4	5	25
4	1	3	9

$$\sum_{i=1,...,12} d_i^2 = 86.$$

Ainsi, la corrélation obtenue pour l'échantillon du tableau 3.1-(b) est positive 0.699. Après avoir calculé le coefficient *rho* de Spearman pour cet échantillon, on vérifie si la corrélation de la population sous-jacente est égale à 0. Puisque la taille de l'échantillon est supérieure à 10, on peut appliquer le test statistique t (en anglais, $t - Statistic$) avec $n - 2$ degrés de liberté[14], comme indiqué dans l'équation (3.7), où n est la taille de l'échantillon (cf., [Corder et Foreman, 2009 ; Chen et Popovich, 2002]).

---

14. En statistiques, le *degré de liberté* est tout simplement un certain nombre nécessaire pour calculer le *t-test*. Pour comprendre ce que signifient degrés de liberté, on suppose qu'on a 3 variables, x, y et z, qui s'additionnent à 100 ($x + y + z = 100$). Une fois qu'on a fixé deux de ces variables (e.g., $x = 50$ et $z = 25$), alors la troisième variable Y, sera fixée automatiquement (y vaut obligatoirement 25). Par conséquent, cette équation a 2 degrés de liberté.

$$t = r_s\sqrt{\frac{n-2}{1-r_s^2}} \tag{3.7}$$

L'hypothèse nulle H_0, et l'hypothèse alternative H_A, pour notre cas d'étude sont données par :

$$H_0 \;:\; \rho_s = 0,\; \text{pas de corrélation}$$
$$H_A \;:\; \rho_s \neq 0,\; \text{il existe une corrélation}$$

où ρ_s est le coefficient de corrélation de la population totale. L'étape suivante consiste à calculer le test t associé à notre échantillon :

$$\begin{aligned} t &= 0.699\sqrt{\frac{12-2}{1-0.699^2}}\\ &= 3.092 \end{aligned}$$

Pour tester l'hypothèse nulle en utilisant le test statistique t, on consulte la table t-distribution[15] avec $n-2 = 10$ degrés de liberté pour le niveau de pertinence approprié α. En utilisant un niveau de pertinence $\alpha = 0.05$, on obtient à partir de cette table deux valeurs critiques t (t-valeur) égales à ± 2.228. La règle de décision devient :

$$\begin{cases} \text{Si } t > 2.228,\; \text{rejeter } H_0\\ \text{Si } t < -2.228,\; \text{rejeter } H_0\\ \text{Sinon, accepter } H_0 \end{cases}$$

Puisque $t = 3.092$, i.e., $t > 2.228$, on rejette H_0 et on conclut qu'il existe une corrélation[16] significative entre le nombre de livraisons

---

15. http://www.sjsu.edu/faculty/gerstman/StatPrimer/t-table.pdf

16. On peut convertir une t-valeur en une probabilité, appelée p-valeur. La p-valeur est toujours comprise entre 0 et 1, et doit être inférieure au seuil de pertinence (α) avant de pouvoir rejeter l'hypothèse nulle. La conversion à partir de la t-valeur à la p-valeur est généralement réalisée

nécessaires (Y), et le nombre d'employés travaillant dans l'entreprise (X).

3.4. Conclusion

Nous avons introduit dans ce chapitre la programmation linéaire en nombres entiers et la programmation par contraintes, qui vont nous servir pour élaborer nos modèles d'élicitation et les résoudre. Nous avons décrit les statistiques descriptives, notamment le coefficient *rho* de Spearman, nous permettant la proposition d'un algorithme glouton d'élicitation de l'opérateur d'agrégation lexicographique.

Nous présentons dans la partie suivante nos principales contributions dans l'élicitation exacte et approchée pour les méthodes d'optimisation multicritère, en se basant sur des informations préférentielles fournies par un décideur.

---

par un logiciel.

Deuxième partie .

Contributions

Cette page est laissée blanche intentionnellement

4. Elicitation exacte des paramètres

Dans ce chapitre nous proposons des approches exactes qui permettent d'éliciter les paramètres des méthodes d'agrégation multicritère. Nous nous intéressons en particulier aux méthodes : lexicographique, **Leximin**, Somme pondérée et **OWA**. Les approches que nous proposons sont fondées sur des modèles et techniques d'optimisation développées dans le cadre de la programmation par contraintes (**PPC**) et la programmation linéaire en nombres entiers (**PLNE**). Ces approches prennent en entrée un ensemble de relations de préférence fournies par le décideur, et les traduisent en paramètres qui permettent de restituer au mieux les préférences énoncées par le décideur.

Sommaire

4.1. Introduction

Les méthodes exactes fournissent la solution optimale du problème d'optimisation donné. Les approches d'élicitation des paramètres que nous proposons s'appuient sur la résolution des modèles à contraintes avec une fonction objectif dans lesquels :

- Les variables de décision sont les paramètres dont les valeurs sont celles que le décideur cherche à déterminer.
- La fonction objectif vise à maximiser la satisfaction des préférences exprimées par le décideur.
- Les contraintes expriment la manière avec laquelle les préférences vont être traduites en termes de paramètres de la méthode multicritère.

Ainsi, la solution optimale désigne la meilleure façon qui permet de restituer (au mieux) les préférences du décideur.

Nous allons présenter tout au long de ce chapitre, nos approches d'élicitation des paramètres s'appuyant sur la PPC et la PLNE. Nous avons fait le choix délibéré d'appréhender des méthodes multicritères issues de deux approches ayant des points de vues différents : l'approches égalitariste et l'approche utilitariste.

4.2. Elicitation des paramètres de la méthode lexicographique

Dans cette section nous présentons plusieurs modèles dédiés à l'élicitation des paramètres de la méthode d'ordre lexicographique. Nous introduisons par la suite un modèle PLNE permettant de déterminer l'ensemble minimal de critères de décision. Nous formulons d'abord le problème d'élicitation des paramètres de la méthode d'ordre lexicographique avec les éléments suivants :

- Soit $\theta = \{1, ..., n\}$ l'ensemble des indices des n critères ;

4. Elicitation exacte des paramètres

- Un ensemble d'alternatives $\mathcal{A} = \{A_1, ..., A_m\}$, où A_{ij} désigne la valeur de la $i^{\text{ème}}$ alternative au niveau du $j^{\text{ème}}$ critère.

- Ces alternatives sont triées suivant leurs valeurs agrégées Y, i.e., $Y(A_i) \leq Y(A_j) \Rightarrow A_i \succsim A_j, i = 1, ..., m-1, j = i+1, ..., m$, où $Y(A_i)$ désigne la valeur agrégée issue de la $i^{\text{ème}}$ alternative. Ces valeurs agrégées peuvent être recueillies expérimentalement, ou bien aussi à partir des réponses d'un questionnaire sur les préférences (cf. [Beliakov, 2003]). Soit A_* une permutation des alternatives $\mathcal{A}$ induite par Y.

Le problème consiste à trouver une permutation des critères θ, pour laquelle l'ordre lexicographique induit sur l'ensemble des alternatives A_θ, devient aussi proche que possible de l'ordre "idéal" donné par A_*. Dans la partie expérimentale au niveau de la section 7, nous utiliserons les distances définies dans le chapitre 5, définitions 5.1 & 5.3, pour mesurer le degré du désordre entre A_θ et A_*, et en conséquence, déduire la qualité de la solution donnée par l'algorithme d'élicitation.

Notez que pour un problème multicritère ayant n critères, nous avons $n!$ permutations possibles. Ainsi, l'espace des permutations possibles a une taille exponentielle suivant le nombre de critères. Par conséquent, le défi consiste à trouver la meilleure permutation, sans énumérer toutes les possibilités.

L'élicitation de l'opérateur lexicographique a été abordée dans plusieurs travaux. [Booth *et al.*, 2010] proposent une classification des relations de préférence en supposant un ordre lexicographique. [Dombi *et al.*, 2007] proposent un algorithme dédié pour éliciter l'ordre entre les critères, en donnant des conditions d'apprentissage de toutes les préférences. [Kohli et Jedidi, 2007] présentent une analyse détaillée sur l'opérateur lexicographique, notamment des conditions pour qu'une fonction d'utilité linéaire puisse représenter un ordre lexicographique, tout en proposant un algorithme pour inférer le modèle de l'ordre lexicographique. Cependant, tous ces modèles sont des modèles dédiés pour des classes de préférences, n'intégrant pas l'aspect de maximisation de la satisfaction des préférences. En effet, nous ne cherchons pas à construire une méthode dédiée à une classe de préférences, mais plutôt à construire une algorithmique qui permet de respecter au mieux les préférences de l'utilisateur. Nous allons user de l'opérateur de réification des contraintes pour construire un modèle max-CSP dont la résolution va fournir l'ordre lexicographique qui respectera au mieux les préférences. Même si nos modèles sont des problèmes d'optimisation combinatoire, nous verrons dans la partie expérimentale qu'ils sont bien résolus en pratique. Nous verrons dans le chapitre suivant un algorithme glouton de faible complexité avec de bonnes performances au niveau expérimental. Enfin, les modèles proposés ici sont plutôt complémentaires par rapport à la littérature courante. Un décideur pourrait exploiter nos modèles pour repérer le maximum de préférences qui pourraient être apprises avec l'ordre lexicographique. Par la suite, la littérature courante pourrait lui fournir des caractérisations fines de l'ordre lexicographique obtenu.

4.2.1. Modèle PPC

Les environnements de programmation par contraintes (e.g., CP Optimizer, Gecode, Choco, etc.) visent à faciliter la formulation et la résolution des problèmes [Rossi *et al.*, 2006]. L'utilisation des contraintes globales est assez souvent à l'origine du succès de la PPC, telles que Alldifferent [Régin, 1994] et Element [Hentenryck, 1989] exploitées dans notre modèle d'optimisation PPC. Ce modèle est décrit dans l'algorithme 1, où :

- La première instruction permet d'initialiser une variable compteur k à 1. Ce compteur comptabilise le nombre de relations de préférences.
- $\theta_i^*, i = 1, ..., n$, est l'indice du $i^{ème}$ critère dans la permutation optimale θ^*.

- $D_{\theta_i^*}, i = 1, ..., n$, (*inst.* 2) spécifie le domaine de la variable θ_i^*.
- Les variables dans θ^* doivent être toutes différentes (*inst.* 3), étant donné que deux critères ne peuvent pas être placés au même indice. Il est important de noter que le mot-clé **Post** est utilisé pour ajouter une nouvelle contrainte dans le réseau de contraintes en cours de construction.
- Les préférences sont extraites à partir du vecteur des valeurs agrégées Y, et elles sont traitées en utilisant les *contraintes réifiées*[1] (*boucle* 4 − 8). Ainsi, pour chaque relation de préférence $Y(A_i) < Y(A_j)$ nous utilisons la contrainte réifiée $(A_i <_{lex} A_j) \Leftrightarrow b$, où $b \in \{0, 1\}$.

  Nous intégrons dans cet algorithme un traitement explicite pour éviter la génération des contraintes redondantes, liées aux cas d'*indifférence* $(Y(A_i) = Y(A_j), i \neq j$, voir *inst.* 6), puisque chaque alternative parmi $(A_i$ et $A_j)$ surclasse l'autre, et n'affecte pas le degré du désordre.
- L'objectif est modélisé par une *fonction coût* (*inst.* 9), dont le nombre de préférences satisfaites est maximisé. Notons que $|pref|$ désigne le nombre de préférences $pref$ induites par Y.

L'algorithme 2 est proposé comme une version itérative de la formule récursive (2.11). Étant données deux solutions x et y, cet algorithme pose un modèle à contraintes sur une permutation entre les critères. Cette permutation permet à la solution x d'être inférieure à y au sens lexicographique.

Modélisation de la contrainte LexLe : L'algorithme 2 est fondé sur une décomposition de la contrainte LexLe sous la forme de disjonctions et de conjonctions de contraintes binaires x_z *rel* y_z, où x et y sont deux vecteurs d'entiers, z est une variable de décision dont le domaine est $D_z = \{1, ..., n\}$ et $rel \in \{<, =\}$ est une relation binaire. Ces

---

1. Les contraintes réifiées reflètent la validité d'une contrainte dans un domaine fini 0/1 (voir le chapitre 2, section 3.2.5).

Algorithm 1: lexMaxCSP $(\mathcal{A}, Y)$

Entrée: n critères; m alternatives : $\{A_l, ..., A_m\}$ triées suivant les *outcomes*; un vecteur d'*outcomes* Y

Sortie: Permutation optimale θ^* entre les critères

1 $k \leftarrow 1$
2 $D_{\theta_i^*} \leftarrow \{1, ..., n\}, i = 1, ..., n$
3 POST All-different(θ^*)
4 **for** $i \leftarrow 1$ **to** $m - 1$ **do**
5   **for** $j \leftarrow i + 1$ **to** m **do**
6   **if** $Y(A_j) \neq Y(A_i)$ **then**
7   POST $pref_k = \mathsf{LexLe}(A_i, A_j, \theta^*)$
8          $k \leftarrow k + 1$

9 POST Maximize($\sum_{k=1}^{|pref|} pref_k$)
10 **return** θ^*

Algorithm 2: LexLe(x, y, θ)

Entrée: x, y : deux vecteurs de n valeurs entières;
    θ : un vecteur de n variables de décision

Sortie: Un système de contraintes de la contrainte lexicographique $x <_{lex} y$

1 $lex_{n-1} \leftarrow (x_{\theta_{n-1}} < y_{\theta_{n-1}}) \vee ((x_{\theta_{n-1}} = y_{\theta_{n-1}}) \wedge (x_{\theta_n} < y_{\theta_n}))$
2 **for** $k \leftarrow n - 2$ **downto** 1 **do**
3    $lex_k \leftarrow (x_{\theta_k} < y_{\theta_k}) \vee ((x_{\theta_k} = y_{\theta_k}) \wedge (lex_{k+1}))$
4 **return** lex_1

---

contraintes binaires sont modélisées efficacement avec la contrainte globale Element. A savoir :

$$(x_z \text{ rel } y_z) \Leftrightarrow \begin{cases} \text{Element}(z, [x_1, ..., x_n], t_1) \\ \text{Element}(z, [y_1, ..., y_n], t_2) \\ t_1 \text{ rel } t_2 \\ \text{integer}(t_i) \text{ for } i = 1, 2. \end{cases} \quad (4.1)$$

La contrainte $\text{Element}(z, [x_1, ..., x_n], t_1)$ est satisfaite si t_1 est égale à la $z^{\text{ième}}$ valeur du vecteur $[x_1, ..., x_n]$, i.e., $t_1 = x_z$. Cette contrainte est équivalente à la contrainte explicite :

$$(t_1, z) \in \{(x_i, i)\}_{i \in \{1, ..., n\}} \quad (4.2)$$

Pour des raisons de facilité d'écriture, nous avons préféré préserver la notation $x_z \text{ rel } y_z$.

Par ailleurs, la contrainte LexLe est utilisée dans l'algorithme 1 sous une forme réifiée, i.e., $\text{LexLe}(x, y, \theta) \Leftrightarrow b$, avec $b \in \{0, 1\}$. Notons que la réification et la décomposition de cette contrainte en contraintes conjonctives et disjonctives sont bien prises en charge par la plupart des solveurs exacts actuels.

En résumé, le nombre de contraintes élémentaires du modèle PPC est en $\mathcal{O}(n \times m^2)$ dans le pire des cas (i.e., $m(m-1)/2$ contraintes de préférences et $2n$ contraintes élémentaires pour chaque contrainte LexLe). Par construction, l'approche PPC calcule l'ordre optimal entre les critères. En effet, le modèle PPC trouve la meilleure permutation des critères pour satisfaire le maximum des $m(m-1)/2$ relations de préférence possibles. De façon similaire, le critère tau de Kendall s'intéresse aux $m(m-1)/2$ relations possibles.

4.2.2. Premier modèle PLNE

Dans cette section, nous introduisons une formulation du problème d'élicitation basée sur la programmation linéaire en nombres entiers (PLNE). Notre développement du modèle PLNE est justifié par les performances des solveurs PLNE dans le traitement des problèmes d'optimisation combinatoire.

Notre idée consiste à linéariser notre modèle à contraintes en vue d'une résolution avec un solveur PLNE (e.g., Cplex, SCIP, Gurobi, etc.). Afin de construire ce modèle, nous devons en particulier linéariser les deux contraintes globales All-different et Element, utilisées dans l'algorithme 1. Il faut noter que la linéarisation de la contrainte LexLe (voir l'algorithme 1), s'obtient en linéarisant sa décomposition en contraintes Element.

Linéarisation de la contrainte All-different : La reformulation linéaire proposée pour cette contrainte est illustrée dans l'algorithme 3 ; dans lequel on associe à chaque variable de décision θ_i un vecteur de n variables binaires $b_{ij}, j = 1, ..., n$, de sorte qu'au plus une variable booléenne soit fixée à 1. Les contraintes dans les deux boucles $(2 - 3)$ et $(4 - 5)$, permettent de s'assurer que les variables θ vont avoir des valeurs distinctes par rapport à toutes les valeurs possibles données dans la liste (a).

Reformulation PLNE de la contrainte globale LexLe : La modélisation de la contrainte LexLe est basée sur une décomposition en contraintes binaires x_z rel y_z. Cependant, ces contraintes manipulent des tableaux ayant des variables de décision au niveau des indices. Par exemple, l'algorithme 2 fait appel à des contraintes qui utilisent les variables de décision $\theta_i, i = 1, ..., n$, comme des indices pour les deux vecteurs x et y. Ces contraintes sont de nature non-linéaire, et ne sont donc pas directement exploitables par un solveur linéaire.

Algorithm 3: allDiffMip(θ)

Entrée: b : matrice de $n \times n$ variables binaires de décision ;
a : vecteur de n entiers ;
θ : vecteur de n variables entières de décision.
Sortie: Un modèle à contraintes linéaires de All-different(θ)

1   $D_{\theta_i} \leftarrow \{a\}, i = 1, ..., n$
2   **for** $i \leftarrow 1$ **to** n **do**
3   POST $\sum_{j=1}^{n} b_{ij} = 1$
4   **for** $j \leftarrow 1$ **to** n **do**
5   POST $\sum_{i=1}^{n} b_{ij} \leq 1$
6   **for** $i \leftarrow 1$ **to** n **do**
7   POST $\theta_i = \sum_{j=1}^{n} b_{ij} \cdot a_j$
8   **return** θ

Pour cette raison, nous avons proposé une linéarisation basée sur une reformulation compacte proposée dans [Refalo, 2000 ; Hooker, 2012]. Ainsi, considérons la contrainte x_z rel y_z, où x et y sont deux alternatives telles que $|x| = |y| = n$; z est une variable de décision entière dont le domaine est $D_z = \{1, ..., n\}$, et rel est un opérateur relationnel, i.e., rel $\in \{<, >, =, \neq, \leq, \geq\}$. Dans un premier temps, nous passons en revue la première reformulation naïve que nous avons proposée.

Première formulation La contrainte x_z rel y_z est réécrite comme suit :

$$(x_z \ rel \ y_z) \Leftrightarrow \begin{cases} \gamma_i \leftarrow (x_1 \ rel \ y_1) \wedge (z = 1), & \text{if } i = 1 \\ \gamma_i \leftarrow \gamma_{i-1} \vee ((x_i \ rel \ y_i) \wedge (z = i)), & \text{for } i = 2..n \\ \gamma_i \in \{0, 1\}, & \text{for } i = 1..n \end{cases} \quad (4.3)$$

où les $\gamma_i, i = 1, ..., n$ sont des variables binaires de décision. Comme nous pouvons le constater, cette linéarisation est simple et directe. Cependant, ce type de linéarisation est pratiquement inefficace, car pour une seule contrainte non-linéaire, nous obtenons n contraintes disjonctives. Ainsi, pour deux vecteurs de taille n la contrainte LexLe va générer n contraintes élémentaires $(x_{z_i} \ rel \ y_{z_i})_{i=1,...,n}$, et nous obtiendrons donc en tout $n \times |D_z| = n^2$ contraintes linéaires.

En somme, le nombre de contraintes élémentaires du modèle basé sur cette reformulation est en $\mathcal{O}(n^2 \times m^2)$ dans le pire des cas (i.e., $m(m-1)/2$ contraintes de préférences, et n^2 contraintes pour chaque contrainte LexLe).

Deuxième formulation La deuxième linéarisation possible de la contrainte $x_z \ rel \ y_z$ s'appuie sur la décomposition en contraintes linéaires suivantes :

$$(x_z \ rel \ y_z) \Leftrightarrow \begin{cases} z = \sum_{i=1}^{n} i \cdot \gamma_i \\ \sum_{i=1}^{n} x_i \cdot \gamma_i \ rel \ \sum_{i=1}^{n} y_i \cdot \gamma_i \\ \sum_{i=1}^{n} \gamma_i = 1 \\ \gamma_i \in \{0,1\}, \text{for } i \in \{1,..,n\} \end{cases} \quad (4.4)$$

Ainsi, nous associons une variable binaire γ_i à chaque indice i des vecteurs x et y. Ensuite, nous devons nous assurer qu'une seule variable γ_i binaire doit être fixée à 1 (d'où $\sum_{i=1}^{n} \gamma_i = 1$). La contrainte $\sum_{i=1}^{n} i \cdot \gamma_i$ permet de récupérer un indice i tel que $\gamma_i = 1$. Cet indice est affecté à la variable de décision z tel que la contrainte $x_z \ rel \ y_z$ soit satisfaite, avec $D_z = \{1,...,n\}$. Enfin, cette dernière contrainte (i.e., $x_z \ rel \ y_z$) induit la contrainte linéaire équivalente $\sum_{i=1}^{n} x_i \cdot \gamma_i \ rel \ \sum_{i=1}^{n} y_i \cdot \gamma_i$.

Le modèle d'élicitation PLNE (voir l'algorithme 4) est obtenu en appliquant cette deuxième technique de linéarisation sur l'algorithme 2 de la contrainte LexLe. Cette contrainte sera ensuite réifiée afin de construire le modèle final max-CSP.

Le nombre de contraintes élémentaires de ce modèle est de l'ordre de $\mathcal{O}(n \times m^2)$ dans le pire des cas. Plus précisément, nous avons

---

Algorithm 4: LexLe-lp(x, y, θ)

Entrée: x, y : deux vecteurs de n valeurs entières ;
$\quad\quad\quad \theta$: un vecteur de n variables de décision
Sortie: Contraintes linéaires équivalentes à la contrainte
$\quad\quad\quad$ lexicographique $x <_{lex} y$

1 $D_{\gamma^j} = \{0, 1\}^n, j = 1, ..., n$

$\quad\quad\quad\quad\quad\quad\quad\quad\quad$ /* $(x_{\theta_{n-1}} < y_{\theta_{n-1}}) \Leftrightarrow (c1 \wedge c2 \wedge c3)$ */

2 c1 $:\theta_{n-1} = \sum_{i=1}^{n} i \cdot \gamma_i^{n-1}$

3 c2 $: \sum_{i=1}^{n} x_i \cdot \gamma_i^{n-1} < \sum_{i=1}^{n} y_i \cdot \gamma_i^{n-1}$

4 c3 $: \sum_{i=1}^{n} \gamma_i^{n-1} = 1$

$\quad\quad\quad\quad\quad\quad\quad\quad\quad$ /* $(x_{\theta_{n-1}} = y_{\theta_{n-1}}) \Leftrightarrow (c1 \wedge c3 \wedge c4)$ */

5 c4 $: \sum_{i=1}^{n} x_i \cdot \gamma_i^{n-1} = \sum_{i=1}^{n} y_i \cdot \gamma_i^{n-1}$

$\quad\quad\quad\quad\quad\quad\quad\quad\quad$ /* $(x_{\theta_n} < y_{\theta_n}) \Leftrightarrow (c5 \wedge c6 \wedge c7)$ */

6 c5 $:\theta_n = \sum_{i=1}^{n} i \cdot \gamma_i^n$

7 c6 $: \sum_{i=1}^{n} x_i \cdot \gamma_i^n < \sum_{i=1}^{n} y_i \cdot \gamma_i^n$

8 c7 $: \sum_{i=1}^{n} \gamma_i^n = 1$

9 $\boldsymbol{lex_{n-1} \leftarrow (c1 \wedge c2 \wedge c3) \vee ((c1 \wedge c4 \wedge c3)}$
$\quad\quad\quad\quad\quad\quad\quad\quad\quad\quad\boldsymbol{\wedge(c5 \wedge c6 \wedge c7))}$

10 **for** $k \leftarrow n - 2$ **downto** 1 **do**

$\quad\quad\quad\quad\quad\quad\quad\quad\quad$ /* $(x_{\theta_k} < y_{\theta_k}) \Leftrightarrow (c8 \wedge c9 \wedge c10)$ */

11 $\quad\quad$ c8 $:\theta_k = \sum_{i=1}^{n} i \cdot \gamma_i^k$

12 $\quad\quad$ c9 $: \sum_{i=1}^{n} x_i \cdot \gamma_i^k < \sum_{i=1}^{n} y_i \cdot \gamma_i^k$

13 $\quad\quad$ c10 $: \sum_{i=1}^{n} \gamma_i^k = 1$

$\quad\quad\quad\quad\quad\quad\quad\quad\quad$ /* $(x_{\theta_k} = y_{\theta_k}) \Leftrightarrow (c8 \wedge c10 \wedge c11)$ */

14 $\quad\quad$ c11 $: \sum_{i=1}^{n} x_i \cdot \gamma_i^k = \sum_{i=1}^{n} y_i \cdot \gamma_i^k$

15 $\quad\quad$ $\boldsymbol{lex_k \leftarrow (c8 \wedge c9 \wedge c10) \vee ((c8 \wedge c11 \wedge c10)}$
$\quad\quad\quad\quad\quad\quad\quad\quad\quad\quad\boldsymbol{\wedge(lex_{k+1}))}$

16 **return** lex_1

$m(m-1)/2$ contraintes pour modéliser les relations de préférence, et $4n-1$ contraintes pour chaque contrainte LexLe linéarisé. Par construction, cette reformulation linéaire préserve l'optimalité de la solution calculée.

4.2.3. Deuxième modèle PLNE

Notre premier modèle d'élicitation PLNE présenté dans la section précédente, est basé essentiellement sur une reformulation directe du modèle PPC vers un modèle PLNE en vue d'être résolu par un solveur PLNE. D'un point de vue pratique, cette reformulation directe n'est pas nécessairement une bonne idée, car la linéarisation de la contrainte globale Element produira des modèles linéaires volumineux, qui nuiront aux performances du solveur PLNE. Pour plus de détails, voir les travaux de Refalo [Refalo, 2000] et Hooker [Hooker, 2012]. Pour remédier à cet inconvénient, nous avons proposé un autre modèle PLNE encore plus fin.

L'idée principale de cette nouvelle contribution consiste à reformuler l'opérateur d'ordre lexicographique comme une fonction de la somme pondérée. Cependant, le choix des poids doit se faire de telle sorte qu'aucune compensation entre les critères n'est possible. Cette absence de compensation est une caractéristique centrale de la méthode d'ordre lexicographique. En fait, pour que nous ayons le comportement de la méthode lexicographique, nous avons choisi des poids assez grands pour neutraliser toute compensation entre les critères. Notre modèle d'optimisation PLNE est décrit dans l'algorithme 5, où :

- $c_i, i = 1, ..., n$ (*inst.* 1) spécifie la valeur de chaque élément du vecteur des poids de la méthode de la somme pondérée.
- $D_{\theta_i^*}, i = 1, ..., n$, (*inst.* 2) spécifie le domaine de la variable θ_i^*. Chacune des variables de décision $\theta_i^*, i = 1, ..., n$ représente l'indice du $i^{ième}$ critère dans la permutation optimale θ^*.
- $D_{\gamma_{ij}}, i, j = 1, ..., n$, (*inst.* 3) spécifie le domaine de la variable γ_{ij}.

- Le domaine des variables w (poids) est défini en utilisant la boucle $(4-6)$.

- Les variables dans w doivent avoir des valeurs toutes différentes (*inst.* 7).

- Les préférences sont extraites à partir du vecteur des valeurs agrégées, et elles sont modélisées avec les contraintes réifiées de la somme pondérée (*boucle* $(9-17)$). Ainsi, pour chaque relation de préférence $Y(A_i) < Y(A_j)$ nous utilisons la contrainte réifiée $(WS(A_i) \leq WS(A_j) - \epsilon) \Leftrightarrow b$, où $WS(A_i) = \sum_{j=1}^{n} w_j A_{ij}$, et b est une variable de décision binaire $b \in \{0, 1\}$. Notons que ϵ est une valeur strictement positive et suffisamment petite.

- L'objectif est de modéliser avec une *fonction coût* (*inst.* 18), avec laquelle le nombre de préférences satisfaites est maximisé.

- La permutation optimale entre les critères est ensuite récupérée à l'aide de la boucle $(19-20)$. En effet, à chaque itération de cette boucle, la contrainte $\sum_{j=1}^{n} \gamma_{ij} \cdot j = \theta_i^*$ permet de récupérer l'indice final de chaque critère dans la permutation optimale θ^*.

- Les cas d'indifférence $(Y(A_i) = Y(A_j), i \neq j)$ sont gérées de la même manière que dans l'algorithme 1.

- Nous rappelons que le mot-clé Post (cf. *inst.* 7, 14 et 18) est utilisé pour ajouter une nouvelle contrainte linéaire au modèle à contraintes en cours de construction.

Le nombre de contraintes élémentaires de ce nouveau modèle PLNE est en $\mathcal{O}(m^2)$ dans le pire des cas (i.e., $m(m-1)/2$ contraintes de préférences) au lieu de $\mathcal{O}(n \times m^2)$ dans le cas du premier modèle PLNE.

Il est à noter qu'en adoptant ce nouveau modèle basé sur la somme pondérée, deux problèmes peuvent se manifester. En effet, nous pouvons éventuellement tomber dans des situations où même en choisissant des coefficients suffisamment grands (e.g., $w_i = 10^i, i = n..1$), nous ne pouvons pas nous échapper du phénomène de compensation entre les critères. De plus, le choix de coefficients ayant des valeurs très

---

Algorithm 5: mipElicit $(\mathcal{A}, Y)$

Entrée: n critères ; m alternatives : $\{A_l, ..., A_m\}$; un vecteur d'*outcomes* Y

Sortie: Permutation optimale θ^* entre les critères

1   $c_i \leftarrow 10^i, i \in \{1, .., n\}$
2   $D_{\theta^*} \leftarrow \{1, ..., n\}$
3   $D_{\gamma_{ij}} \leftarrow \{0, 1\}, \ i, j \in \{1, .., n\}$
4   **for** $i \leftarrow 1$ **to** n **do**
5   POST $w_i = \Sigma_{j=1}^n c_j \cdot \gamma_{ij}$
6   POST $\Sigma_{j=1}^n \gamma_{ij} = 1$

7   POST allDiffMip(w)
8   **for** $i \leftarrow 1$ **to** $m - 1$ **do**
9   **for** $j \leftarrow i + 1$ **to** m **do**
10   **if** $Y(A_j) \neq Y(A_i)$ **then**
11   POST $pref_k = \Sigma_{l=1}^n w_l \cdot A_{il} \leq \Sigma_{l=1}^n w_l \cdot A_{jl} - \epsilon$
12         $k \leftarrow k + 1$

13   POST Maximize$(\Sigma_{k=1}^{|pref|} pref_k)$
14   **for** $i \leftarrow 1$ **to** n **do**
15     $\theta_i^* \leftarrow \Sigma_{j=1}^n \gamma_{ij} \cdot j$
16   **return** θ^*

---

grandes peut entrainer à son tour une instabilité numérique et donc une dégradation des performances et de la justesse du solveur PLNE.

4.2.4. Troisième modèle PLNE

Nous avons essayé, comme indiqué dans la section précédente, d'améliorer la version linéaire du modèle PPC proposé dans la section 4.2.1. L'amélioration que nous avons adoptée était centrée sur une reformulation basée sur la somme pondérée. Nous remplaçons donc chaque contrainte LexLe par une seule contrainte de la somme pondérée, au lieu de $4n - 1$ contraintes linéaires dans la décomposition du premier modèle. En conséquence, notre modèle PLNE est devenu plus compact en termes de nombre de variables et des contraintes linéaires.

4. Elicitation exacte des paramètres

Au niveau de l'algorithme 5, le calcul des poids de la méthode somme pondérée ne se fait pas de manière exacte, et nous ne pouvons donc pas assurer (dans tous les cas) le même comportement de la méthode d'ordre lexicographique. De plus, le choix des poids très grands peut engendrer une instabilité numérique lors de la résolution.

Nous proposons dans cette section une solution pour remédier aux problèmes de performance, de la compensation entre les critères et la stabilité numérique. Dans cette solution, nous essayons d'exprimer des conditions suffisantes sous forme de contraintes sur les poids, garantissant la non-compensation entre les critères. De plus, ces contraintes calculent des poids de taille minimale, et permettent donc de considérer un nombre plus important de critères.

Nous allons ci-après introduire les contraintes qui caractérisent le comportement de la méthode lexicographique. En clair, ces contraintes permettent d'élaborer des relations de dominance stricte entre les critères. Elles sont données par la proposition 4.1.

Proposition 4.1. *Considérons un ensemble d'alternatives* $\mathcal{A} = \{A_1, ..., A_m\}$, *évaluées suivant un ensemble fini composé de n critères d'indices $N = \{1, ..., n\}$ où $n \geq 2$; Supposons que $A_1 = (A_{11}, ..., A_{1n}) <_{lex} A_2 = (A_{21}, ..., A_{2n})$. Nous allons considérer maintenant la fonction d'agrégation de la somme pondérée (WS), telle que $WS(A_i) = \sum_{j=1}^{n} w_j A_{ij}$ est la valeur agrégée de la $i^{ème}$ alternative, suivant le vecteur de pondération w. L'équivalence suivante*

$$A_1 <_{lex} A_2 \Leftrightarrow WS(A_1) < WS(A_2) \qquad (4.5)$$

est satisfaite, à condition que :

$$\epsilon_i w_i > \sum_{j=i+1}^{n} \Delta_{max_j} w_j, \; for \; i = 1, ..., n - 1 \qquad (4.6)$$

où,

- $\epsilon_i = min\{(N_{i,j+1}^{\uparrow} - N_{i,j}^{\uparrow})\}_{j=1}^{m-1}, \epsilon_i \neq 0$, *désigne le plus petit écart* *non nul entre les éléments du vecteur $N_i^{\uparrow}$, contenant les valeurs du $i^{ième}$ critère triées par ordre non décroissant.*

- Δ_{max_i} *désigne la plus grande valeur du $i^{ième}$ critère.*

L'idée fondamentale de la proposition 4.1 est d'associer au $i^{ième}$ critère un coefficient w_i, dont la valeur est supérieure à la somme des variations de l'ensemble des j critères suivants $j = i+1, ..., n$, (voir la formule (4.6)), interdisant ainsi toute compensation entre les critères. De cette manière, l'ordre lexicographique sera sûrement préservé.

Démonstration. Tout d'abord, nous développons les équations (4.6), nous obtenons ainsi :

$$\epsilon_1 w_1 \; > \; \sum_{j=2}^{n} \Delta_{max_j} w_j, \tag{4.7}$$

$$...$$

$$\epsilon_{n-k} w_{n-k} \; > \; \sum_{j=n-k+1}^{n} \Delta_{max_j} w_j, \tag{4.8}$$

$$...$$

$$\epsilon_{n-2} w_{n-2} \; > \; \Delta_{max_{n-1}} w_{n-1} + \Delta_{max_n} w_n \tag{4.9}$$

$$\epsilon_{n-1} w_{n-1} \; > \; \Delta_{max_n} w_n \tag{4.10}$$

Selon la méthode lexicographique, une fois que le $i^{ième}$ critère a été optimisé, sa valeur objectif ne peut pas être altérée lors de l'optimisation des critères d'indices $j = i+1..n$ les moins importants. Trivialement, l'équation (4.10) restreint le domaine des variables w_{n-1} et w_n à des valeurs qui empêchent toute compensation entre le critère $n-1$ et le critère n. En introduisant l'équation (4.9) nous contraignons les variables w_{n-2}, w_{n-1} et w_n, à des valeurs interdisant toute compensation entre les critères d'indices $n-2, n-1$ et n. De cette façon, lors de l'optimisation des critères $n-1$ et n, la valeur objectif du critère $n-2$ ne sera jamais altérée. L'équation (4.8) fournit plus de restrictions sur les valeurs des poids $w_{n-k}, ..., w_n$, de sorte que toute amélioration du critère de rang $n - k$ est supérieure à la perte cumulée dans les autres critères d'indices $n - k + 1, ..., n$. Le même raisonnement peut être suivi pour $k = (n - 1), ..., 1$, où l'équation (4.7) est donnée pour $k = n - 1$.

$\square$

Dans notre contexte, cependant, l'ordre entre les critères est inconnu. Par conséquent, l'ensemble des équations (4.6) devient non-linéaire. Dans ce cas, nous avons :

$$\widehat{\epsilon_i} w_i > \sum_{j=i+1}^{n} \widehat{\Delta}_{max_j} w_j, \ pour \ i = 1, ..., n - 1 \qquad (4.11)$$

où, $\widehat{\epsilon_i} \in \{\epsilon_1, ..., \epsilon_n\}$, et $\widehat{\Delta}_{max_j} \in \{\Delta_{max_1}, ..., \Delta_{max_n}\}$, sont deux variables qui désignent respectivement la déviation minimale et la valeur maximale du $i^{ième}$ critère. Pour remédier à cette situation difficile, nous décrivons dans ce qui suit, comment linéariser les équations non-linéaires (4.11), tout en préservant le comportement non compensatoire entre les critères.

Proposition 4.2. *Soit $[\sigma(1), ..., \sigma(n)]$ une permutation de $[1, ..., n]$, telle que $\Delta_{max_{\sigma(i-1)}} \geq \Delta_{max_{\sigma(i)}}$, $i = 2, ..., n$. Une reformulation linéaire des équations (4.11), qui conserve la relation de dominance stricte entre critères est donnée par :*

$$\underline{\epsilon} w_i > \sum_{j=i+1}^{n} \Delta_{max_{\sigma(n-j+1)}} w_j, \ pour \ i = 1, ..., n - 1 \qquad (4.12)$$

où $\underline{\epsilon} = min(\{\epsilon_1, ..., \epsilon_n\})$.

Pour prouver la proposition 4.2, nous avons adopté une approche basée sur les intervalles afin de linéariser les formules non-linéaires (4.11). Il suffit de prendre la borne inférieure de ϵ_i dans la partie gauche, et la borne supérieure $\Delta_{max_{\sigma(n-j+1)}}$ dans la partie droite pour assurer les inégalités. En effet, pour chaque équation de rang $n - k$, où $k \in \{1, ..., n - 1\}$, nous avons juste besoin de fixer une seule variable $\widehat{\Delta}_{max_{n-k+1}}$ à la valeur $\Delta_{max_{\sigma(k)}}$. Notons également que toutes les valeurs manipulées sont positives. Avec ces deux arguments, les formules (4.12) sont vraies. La démonstration détaillée est donnée ci-après.

Démonstration. Nous développons dans un premier temps les équations non-linéaires (4.11) présentées ci-dessus, nous obtenons :

$$\widehat{\epsilon_1}w_1 > \sum_{j=2}^{n} \widehat{\Delta}_{max_j}w_j, \tag{4.13}$$

$$...$$

$$\widehat{\epsilon}_{n-k}w_{n-k} > \sum_{j=n-k+1}^{n} \widehat{\Delta}_{max_j}w_j, \tag{4.14}$$

$$...$$

$$\widehat{\epsilon}_{n-2}w_{n-2} > \widehat{\Delta}_{max_{n-1}}w_{n-1} + \widehat{\Delta}_{max_n}w_n \tag{4.15}$$

$$\widehat{\epsilon}_{n-1}w_{n-1} > \widehat{\Delta}_{max_n}w_n \tag{4.16}$$

Considérons maintenant la $(n-1)^{ième}$ équation (4.16). Trivialement, pour neutraliser toute compensation entre les deux derniers critères, nous avons besoin de deux conditions suffisantes. A savoir, la variable $\widehat{\epsilon}_{n-1}$ sera fixée à la valeur minimale de la liste ϵ (i.e., $\widehat{\epsilon}_{n-1} = \underline{\epsilon}$) ; tandis que la variable $\widehat{\Delta}_{max_n}$ dois être fixée à la valeur maximale de la liste Δ_{max} (i.e., $\widehat{\Delta}_{max_n} = \Delta_{max_{\sigma(1)}}$). Pour la $(n-2)^{ième}$ équation (4.15), $\widehat{\epsilon}_{n-2} = \underline{\epsilon}$, et $\widehat{\Delta}_{max_{n-1}} = \Delta_{max_{\sigma(2)}}$, dès lors que $\widehat{\Delta}_{max_n} = \Delta_{max_{\sigma(1)}}$. De même, pour chaque équation de rang $n - k$, où $k \in \{1, ..., n-1\}$, nous avons juste besoin de fixer une variable $\widehat{\Delta}_{max_{n-k+1}}$ à la valeur $\Delta_{max_{\sigma(k)}}$ valeur. Par conséquent, la reformulation linéaire des équations (4.11) correspond aux équations (4.12).

$\square$

Normalisation des données Nous avons montré à travers les deux propositions 4.1 & 4.2 précédentes, qu'il est possible de reformuler la méthode lexicographique avec une méthode de la somme pondérée modulo certaines contraintes sur les poids. Le but de cette pratique est de concevoir un modèle PLNE efficace et performant. Cependant, dans certains cas, ces contraintes peuvent générer des poids énormes, et ainsi conduire à une instabilité numérique affectant la justesse des résultats du solveur PLNE.

Une autre idée améliorante réside dans la normalisation des données (en utilisant la technique de normalisation MinMax [Al Shalabi *et al.*, 2006]) avant de calculer le vecteur de pondération de la méthode de la somme pondérée. Typiquement, la normalisation MinMax (voir le chapitre 2, section 3.3.1) effectue une transformation linéaire sur les données d'origine. Grâce à ce type de normalisation, les nouveaux poids calculés de la méthode de la somme pondérée ont tendance à être beaucoup plus petits. Ce scénario se produit souvent lorsque les critères les moins importants ont des valeurs très grandes dans leurs domaines de variation (i.e., des valeurs Δ_{max} très grandes).

Exemple 4.1. *Soient deux critères d'indices* 1 *et* 2 *ayant comme domaine les intervalles* $[2, 15]$ *et* $[1000, 45000]$ *respectivement. Nous avons donc* $\epsilon_1 = 1$, *et* $\Delta_{max_2} = 45,000$. *Comme nous n'avons que deux critères, nous allons considérer la contrainte suivante de non-compensation entre les deux critères :*

$$\epsilon_1 \cdot w_1 > \Delta_{max_2} \cdot w_2$$

En normalisant le critère 2, *nous nous retrouvons avec le nouveau domaine* $[1, 45]$. *Nous obtenons ainsi l'équation* $w_1 > 45 \cdot w_2$ *au lieu de* $w_1 > 45,000 \cdot w_2$. *Par conséquent, la normalisation des données permet d'éviter la génération de coefficients grands, lorsque les domaines des valeurs de certains critères sont grands.*

D'autres techniques de normalisation peuvent être envisagées, par exemple Z-score [Jain *et al.*, 2005]. Dans notre contexte, cependant,

4.2. Elicitation des paramètres de la méthode lexicographique

nous n'avons pas besoin de comparer entre les valeurs des critères. Donc, il s'ensuit que la normalisation MinMax semble être plus appropriée.

Notre modèle d'optimisation de PLNE est décrit dans l'algorithme 6, où :

- $\theta_i^*, i = 1, ..., n$, est l'indice du i^{ième} critère dans la permutation optimale θ^*.
- $D_{\theta_i^*}, i = 1, ..., n$, (*inst.* 1) spécifie le domaine de la variable θ_i^*.
- $D_{\gamma_{ij}}, i, j = 1, ..., n$, (*inst.* 2) spécifie le domaine de la variable γ_{ij}.
- Les alternatives d'entrée sont d'abord normalisées (*inst.* 3, fonction minMaxNorm) à l'aide de la formule (3.2), pour éviter de générer de très grands coefficients (poids).
- Les coefficients de la méthode de la somme pondérée sont calculés en utilisant la fonction computeWeights (*inst.* 4). Dès lors, cette fonction met en œuvre des contraintes fournies dans les équations (4.12). Les valeurs de pondération qui en résultent sont introduites dans le vecteur de coefficients c. Ce dernier sera ensuite utilisé comme le domaine des variables de pondération w.
- Le domaine de chaque variable de pondération w_i est défini en utilisant les contraintes linéaires de la boucle $(5 - 7)$.
- Les variables dans w doivent avoir des valeurs toutes différentes (*inst.* 8).
- Les relations de préférence sont construites à partir du vecteur des *outcomes*. Ces relations sont modélisées avec les contraintes réifiées de la somme pondérée (*boucle* $(9-11)$). Ainsi, pour chaque relation de préférence $Y(A_i) < Y(A_j)$ nous utilisons la contrainte réifiée $(WS(A_i) \leq WS(A_j) - \epsilon) \Leftrightarrow b$, où $WS(A_i) = \sum_{j=1}^{n} w_j A_{ij}$, et b est une variable binaire de décision. En outre, afin de maintenir l'algorithme simple, nous avons omis certaines instructions qui gèrent à la fois l'indifférence et les relations de préférence redondantes. Notons que ϵ est une valeur strictement positive et

119

suffisamment petite.

- Nous ajoutons dans l'instruction (*inst.* 12) une fonction objectif permettant de restituer au maximum les relations de préférence sur les alternatives.

- A l'aide de la boucle (13 − 14) nous récupérons les éléments de la solution (permutation) optimale dans le tableau θ^*. Cette solution est retournée dans l'instruction 15.

Par ailleurs, le nombre de contraintes élémentaires générées par cet algorithme est de l'ordre de $\mathcal{O}(m^2)$ dans le pire des cas. (i.e., $m(m-1)/2$ contraintes modélisant les relations de préférence) contre $\mathcal{O}(n \times m^2)$ dans le premier modèle **PLNE**. Enfin, cet algorithme calcule la solution optimale par construction.

Algorithm 6: mipElicit($\mathcal{A}$)

Entrée: n critères ; m alternatives : $\{A_l, ..., A_m\}$
Sortie: Modèle **PLNE** de recherche de la permutation optimale (θ^*) basé sur la somme pondérée

1   $D_{\theta_i^*} \leftarrow \{1, ..., n\}, i = 1, ..., n$
2   $D_{\gamma_{ij}} \leftarrow \{0, 1\},\ i, j = 1, ..., n$
3   $A' \leftarrow$ minMaxNorm (A)
4   $c \leftarrow$ computeWeights (A')
5   **for** $i \leftarrow 1$ **to** n **do**
6   POST $w_i = \Sigma_{j=1}^{n} c_j \cdot \gamma_{ij}$
7   POST $\Sigma_{j=1}^{n} \gamma_{ij} = 1$
8   POST allDiffMip(w)
9   **for** $i \leftarrow 1$ **to** $m - 1$ **do**
10   **for** $j \leftarrow i + 1$ **to** m **do**
11   POST $pref_{ij} = \Sigma_{k=1}^{n} w_k \cdot A'_{ik} \leq \Sigma_{k=1}^{n} w_k \cdot A'_{jk} - \epsilon$
12   POST Maximize($\Sigma_{k=1}^{|pref|} pref_k$)
13   **for** $i \leftarrow 1$ **to** n **do**
14     $\theta_i^* \leftarrow \Sigma_{j=1}^{n} \gamma_{ij} \cdot j$
15   **return** θ^*

4.2.5. Modèle PPC pour la recherche du sous-ensemble minimal de critères

Jusqu'à présent, nous avons proposé des modèles d'élicitation (cf., les sous sections 4.2.1 à 4.2.4), avec lesquels nous calculons : (1) la permutation optimale entre les critères ; et (2) le nombre de relations de préférence satisfaites. L'approche que nous proposons dans cette section permet, en plus des deux points cités ci-dessus, d'avoir les c critères ordonnés engendrant le même nombre de préférences satisfaites, où la valeur de c est minimale.

Démarche

Nous expliquons brièvement notre démarche à travers la figure 4.1. Cette figure comporte deux phases importantes :

1. *Calculer une permutation optimale :* durant cette phase (première résolution) nous élicitons la permutation optimale entre les critères. Ensuite, nous récupérons le nombre optimal de préférences satisfaites k.

2. *Déterminer le nombre minimal de critères :* à cette étape (deuxième résolution), nous exploitons la sortie de la première phase pour :

   - Déterminer le sous ensemble de critères qui produit k relations de préférences satisfaites. Autrement dit, étant donnée une permutation optimale entre les critères θ^*, nous cherchons à trouver les c premiers critères dans θ^*, qui donnent k relations de préférence satisfaites.

   - Nous exploitons la solution (permutation) trouvée dans la première phase, pour accélérer la résolution de notre modèle basé sur la programmation par contraintes.

L'intérêt pratique de cette approche est illustré par une étude de cas tirée d'une application réelle (voir la section 7.3.6).

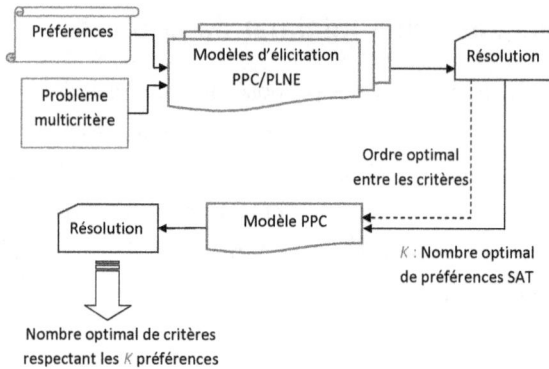

FIGURE 4.1.: Démarche d'identification du nombre optimal de critères respectant les k relations de préférence.

Modèle PPC   Pour atteindre cet objectif, nous proposons un modèle à contraintes PPC dans lequel nous procédons par une optimisation en deux étapes. Dans la première étape, nous identifions la permutation optimale entre les critères, avec le nombre optimal de relations de préférence satisfaites (en utilisant l'algorithme 1). Ce nombre va constituer une borne (optimale) aidant l'algorithme à converger rapidement dans la deuxième optimisation. Ensuite, cette information sera canalisée dans une seconde étape d'optimisation, sous forme d'une contrainte dure. La recherche du sous-ensemble minimal de critères de décision est implémentée dans les deux algorithmes 7 et 8. L'algorithme principal 7 de cette approche est décrit comme suit :

- $\theta_i^*, i = 1, ..., n$, est l'indice du $i^{ième}$ critère.
- $D_{\theta_i^*}, i = 1, ..., n$, (*inst.* 1) spécifie le domaine de la variable θ_i^*.
- La fonction lexMaxCSP (*inst.* 2) calcule la permutation optimale entre les critères (θ^*) en utilisant l'algorithme 1.
- La fonction calcNbSATPref calcule le nombre maximal de relations de préférence satisfaites, en utilisant la permutation θ^* don-

née au niveau de l'instruction 3.

- Les valeurs des variables $\theta_i^*, i = 1, ..., n$ doivent être toutes différentes (*inst.* 4), car toute paire de critères ne peuvent pas avoir le même indice.

- Les préférences sont extraites à partir du vecteur des *outcomes*, et elle sont traitées en utilisant les *contraintes réifiées* (*boucle* $5 - 7$). Ainsi, pour chaque relation de préférence $Y(A_i) < Y(A_j)$ nous utilisons la contrainte réifiée $(A_i <_{lex} A_j) \Leftrightarrow b$, où $b \in \{0, 1\}$.

- Toutes les relations d'indifférences et les préférences redondantes sont traitées d'une façon très similaire à celle vue dans l'algorithme 1.

- Pour permettre au solveur PPC de se focaliser seulement sur la recherche du sous-ensemble optimal de critères de décision, nous avons introduit la contrainte dure (*inst.* 8). Cette contrainte fixe le nombre de préférences satisfaites à la valeur optimale obtenue dans la première phase d'optimisation.

- Pour terminer, nous posons une fonction objectif (*inst.* 9), minimisant le nombre de critères de décision nécessaire pour avoir le même degré de satisfaction.

- La dernière instruction (10) retourne la paire (sol, θ^*), où *sol* représente le nombre minimal de critères de décision tel que

$$sol = \Big(\sum_{k=1}^{|pref|} \gamma_k = 1 \Big)$$

Par ailleurs, l'algorithme 8 cherche une permutation entre les critères qui rend un vecteur X inférieur (au sens lexicographique du terme) à un autre vecteur Y de la même taille. Néanmoins, contrairement à l'algorithme 2, l'algorithme 8 a pour vocation de garder la trace des contraintes élémentaires satisfaites. Cet objectif est atteint grâce à l'utilisation des variables binaires de décision (γ) en utilisant des contraintes élémentaires.

Algorithm 7: MSDC($\mathcal{A}$)

Entrée: n critères ; m alternatives : $\{A_l, ..., A_m\}$
Sortie: Modèle PPC de recherche du sous-ensemble minimal de
critères dans la permutation optimale θ^*

1   $D_{\theta_i^*} \leftarrow \{1, ..., n\}, i = 1, ..., n$
2   $\theta^* \leftarrow$ lexMaxCSP(A)
3   $nbSatPref \leftarrow$ calcNbSATPref(θ^*)
                 /* calcule le nombre de préférences SAT */
4   POST All-different(θ^*)
5   **for** $i \leftarrow 1$ ***to*** $m - 1$ **do**
6   **for** $j \leftarrow i + 1$ ***to*** m **do**
7   POST $pref_k =$ lexLeMin($A_i, A_j, \theta^*, \gamma$)

8   POST $\Sigma_{k=1}^{|pref|} pref_k = nbSatPref$
9   POST $sol =$ Minimize $\Sigma_{k=1}^{|pref|} \gamma_k$
10 **return** (sol, θ^*)

Les contraintes de la forme x_z rel y_z, décrites dans la section 4.2.1, où x, y sont deux vecteurs d'entiers, z une variable de décision ayant comme domaine $D_z = \{1, ..., n\}$, et $rel \in \{<, =\}$, sont efficacement modélisées en utilisant la contrainte globale Element.

Algorithm 8: lexLeMin (x, y, θ, γ)

Entrée: x, y : deux vecteurs de n valeurs entières ;
        θ, γ : deux vecteurs de n variables de décision
Sortie: Un système de contraintes de la contrainte
lexicographique $x <_{lex} y$

1   $lex_{n-1} \leftarrow ((x_{\theta_{n-1}} < y_{\theta_{n-1}}) \wedge \gamma_{n-1}) \vee (((x_{\theta_{n-1}} = y_{\theta_{n-1}}) \wedge \gamma_{n-1}) \wedge ((x_{\theta_n} < y_{\theta_n}) \wedge \gamma_n))$
2   **for** $k \leftarrow n - 2$ ***downto*** 1 **do**
3     $lex_k \leftarrow ((x_{\theta_k} < y_{\theta_k}) \wedge \gamma_k) \vee (((x_{\theta_k} = y_{\theta_k}) \wedge \gamma_k) \wedge (lex_{k+1}))$
4   **return** lex_1

4.3. Elicitation des fonctions d'utilité pour la méthode Leximin

Dans cette section nous présentons un modèle PPC pour l'élicitation des paramètres de la méthode Leximin. Cette méthode fait partie des méthodes multicritères *égalitaristes*. Elle a l'avantage de réunir deux propriétés importantes :

1. L'efficacité de la solution calculée. En effet, les solutions calculées avec la méthode Leximin sont nécessairement Pareto-optimales [Moulin, 1988].

2. L'équilibre entre les différents critères. Ce critère d'équilibre est connu sous le nom de *bien-être* social (en anglais, *welfare* [Moulin, 2004]). Il faut noter que la méthode Leximin trouve la solution la plus équilibrée, en améliorant progressivement les utilités individuelles dans les pires des cas. Par exemple, dans un contexte multi-agents, Leximin cherche à satisfaire l'agent le moins heureux. Ainsi, la solution calculée est celle qui, pour chaque critère, sélectionne la meilleure valeur parmi toutes les mauvaises valeurs possibles.

Ces deux propriétés caractérisant la méthode Leximin, la rendent appropriée pour résoudre les problèmes de partage et d'allocation équitable d'un ensemble de ressources communes entre plusieurs agents (e.g., partage de ressources satellitaires [Bouveret et Lemaître, 2007], élaboration des emplois du temps, gestion des mises à jour des paquetages logiciels [Mancinelli *et al.*, 2006 ; Trezentos *et al.*, 2010 ; Michel et Rueher, 2010 ; Aribi et Lebbah, 2011], etc.).

D'un point de vue technique, cette méthode multicritère procède par un ordre lexicographique sur les vecteurs triés des alternatives. Le sens du tri dépend bien évidement du sens de l'optimisation. Dans le cas d'un problème de maximisation (Leximin), nous trions chaque alternative par ordre non-décroissant.

Toutefois, l'exigence d'équité entre les différents critères a certaines retombées. La première conséquence, est qu'elle implique que tous les critères sont *commensurables*. Une autre conséquence notable, est que les critères doivent être traités de façon égale et *symétrique*, et par conséquent les éléments d'une alternative peuvent être commutées (principe de *symétrie* [Michel, 2007]).

Par ailleurs, cette méthode nécessite des paramètres qui sont, en général, difficiles à fixer. Ces paramètres sont définis sous forme de fonctions appelées fonctions d'*utilité individuelle*, où chaque fonction d'utilité est associée à un critère. Plus précisément, une fonction d'utilité est conçue comme un moyen pour décrire numériquement les préférences du décideur sur les alternatives (voir la sous-section 2.1.1). Nous proposons dans la suite de cette section un modèle PPC d'élicitation permettant, à partir d'un ensemble de relations de préférence (totalement ou partiellement ordonnées), d'obtenir chaque fonction d'utilité sous une forme discrète.

Le modèle PPC que nous proposons adopte les mêmes objectifs que les techniques proposées dans l'ordre lexicographique : calculer des utilités qui permettront de respecter au mieux l'ordre Leximin.

Hypothèses

Nous supposons que nous avons en entrée les données suivantes :
- L'ensemble des indices des attributs (et utilités) $N = \{1, ..., n\}$ où $n \geq 2$;
- Un ensemble fini d'alternatives $\mathcal{A} = \{A_1, ..., A_m\}$, où l'élément $A_{i,j}$ désigne la valeur du $j^{\text{ème}}$ *attribut* dans la $i^{\text{ème}}$ alternative.
- Nous supposons que les utilités sont maximisés.
- Un ensemble d'informations préférentielles sur ces alternatives (noté $\mathcal{P}$), exprimées avec une relation partielle de préférence. Par exemple, $(A_1 \succ A_2) \in \mathcal{P}$ signifie que le décideur préfère l'alternative A_1 sur l'alternative A_2.

- Deux alternatives ayant la même valeur sur un même attribut auront la même valeur d'utilité.

Notre objectif consiste à déterminer, au niveau de chaque attribut i, la fonction d'utilité *individuelle* u_i exprimée en extension, i.e., $u_i(A_1), ..., u_i(A_j), ..., u_i(A_m)$, suivant le préordre Leximin. Nous cherchons donc les valeurs d'utilités permettant à la méthode Leximin de respecter au mieux les préférences partielles du décideur.

Modèle d'élicitation PPC

Nous présentons dans cette section un premier modèle d'élicitation basé sur la programmation par contraintes. Le modèle proposé est décrit comme suit :

Variables : Les variables du modèle sont représentées par une matrice $\langle \lambda_1^i, ..., \lambda_m^i \rangle, i = 1..n$, où λ_j^i est une variable de décision modélisant l'utilité de l'attribut i sur une alternative A_j.

Domaines : Toutes les fonctions d'utilité sont exprimées selon une échelle commune, communément fixée à $[0,1]$, i.e., $D_{\lambda_j^i} = [0,1]$, $i = 1..n$, $j = 1..m$.

Contraintes : Les contraintes du modèle PPC sont données comme suit :

- Trier le vecteur des utilités[2], associé à chaque alternative, par ordre non-décroissant (problème de maximisation). Nous modélisons cette contrainte à l'aide de la contrainte globale Sort [Beldiceanu *et al.*, 2007] :

$$\mathsf{Sort}(\langle \lambda_j^1, ..., \lambda_j^n \rangle, \langle \lambda_j^{\sigma_1}, ..., \lambda_j^{\sigma_n} \rangle^\uparrow), \ j = 1, ..., m$$

où $(\sigma_1, ..., \sigma_n)$ est une permutation[3] de $(1, ..., n)$ telle que $\lambda_j^{\sigma_1} \leq ... \leq \lambda_j^{\sigma_n}$.

---

2. Le tri constitue la première étape de la méthode Leximin.
3. Le symbole $\langle ... \rangle^\uparrow$ stiple un vecteur trié par ordre non-décroissant.

4. Elicitation exacte des paramètres

- Poser une contrainte (dure) d'ordre lexicographique pour chaque relation de préférence $A_i \succ A_j \in \mathcal{P}$, $A_i, A_j \in \mathcal{A}$:

$$\langle \lambda_i^{\sigma_1}, ..., \lambda_i^{\sigma_n} \rangle^\uparrow >_{lex} \langle \lambda_j^{\sigma_1}, ..., \lambda_j^{\sigma_n} \rangle^\uparrow$$

- Si le réseau de contraintes est inconsistant, nous réifions les contraintes d'ordre lexicographique en introduisant : (1) de nouvelles variables binaires de décision b_i,

$$\langle \lambda_i^{\sigma_1}, ..., \lambda_i^{\sigma_n} \rangle^\uparrow >_{lex} \langle \lambda_j^{\sigma_1}, ..., \lambda_j^{\sigma_n} \rangle^\uparrow \Leftrightarrow b_i$$

(2) une fonction objectif maximisant la satisfaction des préférences, i.e.,

$$\text{Maximize} \sum_i b_i$$

Nous remarquons à travers les contraintes de tri, et les contraintes d'ordre lexicographique ci-dessus, que les composantes des vecteurs d'utilités ne sont pas dépendantes des valeurs des attributs. Ceci vient du fait que le modèle comporte autant de variables que de valeurs d'attributs. En revanche, cette formulation a un avantage, est qu'elle permet de traiter des préférences symboliques quelconques.

- Pour tout attribut k, toutes les composantes égales sur les différentes alternatives auront la même valeur d'utilité. Si les trois alternatives A_i, A_j et A_l ont la même valeur pour l'attribut k (i.e., $A_{ik} = A_{j,k} = A_{l,k}$), nous posons la contrainte suivante :

$$\lambda_i^k = \lambda_j^k = \lambda_l^k$$

Ce qui revient à utiliser une seule variable d'utilité au lieu de trois.

4.4. Elicitation des poids de la méthode de la moyenne pondérée (ordonnée)

Nous avons présenté dans le chapitre introductif la difficulté du paramétrage des méthodes multicritères, et en particulier la méthode qui repose sur la moyenne pondérée. En effet, d'une part, il n'y a pas de correspondance intuitive entre les préférences du décideur et les poids de cette méthode. D'autre part, le choix de ces poids doit être fait avec prudence, car une légère perturbation du vecteur des poids peut entrainer des solutions très différentes.

La problématique d'élicitation dans le modèle d'utilité additive a été abordée avec plusieurs approches. La méthode UTA (UTilité Additive) de Jacquet-Lagrèze et Siskos [Jacquet-Lagreze et Siskos, 1982] a été proposée pour construire les fonctions d'utilité additive de la forme $U(a) = \Sigma_{i=1..n} u_i(a^i)$, où u_i est continue, non-décroissante et affine par morceaux dans l'intervalle $[t_i, T_i]$ de variation de l'attribut $a^i : \forall i \in 1..n, a \in \mathcal{A}, t_i \leq a^i \leq T_i$. UTA^{GMS} [Greco *et al.*, 2003; Figueira *et al.*, 2009] est une extension de UTA, qui considère notamment plusieurs types de fonctions additives, et les fonctions d'utilité des critères sont considérées monotones non-décroissantes (alors que UTA les suppose linéaires par morceaux). La méthode GRIP [Figueira *et al.*, 2009] étend UTA^{GMS} en prenant en compte des informations préférentielles additionnelles sur l'intensité des préférences entre des paires d'alternatives. Notons aussi les travaux de Boutillier et al. [Wang et Boutilier, 2003] pour construire les fonctions d'utilité dans un modèle probabiliste. Les systèmes ARIADNE [Sage et White, 1984] et AHP [Saaty, 1980] ont donné lieu à plusieurs travaux sur la pondération des critères.

Les modèles que nous proposons dans cette section viennent en complémentarité par rapport à la littérature courante d'élicitation dans les modèles d'utilité additive. En effet, contrairement aux modèles courants qui considèrent les contraintes de satisfaction des préférences comme étant des contraintes dures[4], nos modèles les considèrent comme des contraintes souples qu'on voudrait satisfaire au maximum. Nous cherchons donc le vecteur de poids qui pourrait satisfaire au mieux les contraintes souples associées aux préférences. Intuitivement, nos modèles d'élicitation des poids pourraient être exploités pour inférer les poids ; par la suite, nous pouvons faire appel aux techniques d'élicitation des utilités en considérant les poids proposés par nos approches. Bien évidemment, cette proposition intuitive de complémentarité doit être étudiée sur le plan conceptuel, afin de voir dans quelle mesure les poids que nous proposons pourraient contribuer dans l'amélioration des techniques qui élicitent les utilités.

4.4.1. Formulation du problème

Le problème d'élicitation des paramètres de la méthode de la moyenne pondérée (ordonnée) est décrit comme suit :

- Soit $N = \{1, ..., n\}$ l'ensemble des indices des critères.
- Un ensemble fini de m alternatives $\mathcal{A} = \{A_1, ..., A_m\}$, où $A_{i,j}$ désigne la valeur du $j^{\text{ème}}$ critère, au niveau de la $i^{\text{ème}}$ alternative.
- Une relation binaire de préférence $\succsim$ définie sur $\mathcal{A}$.

Il s'agit de représenter numériquement les préférences d'un décideur par une moyenne pondérée (ordonnée), représentant la relation de préférence globale. Nous cherchons donc les coefficients des poids $w = \langle w_1, \ldots, w_n \rangle$ (inconnues) qui représentent l'information caractérisant les préférences du décideur.

Hypothèses de travail Nous abordons ce problème d'élicitation avec les hypothèses suivantes :

1. Les critères sont commensurables (échelle commune) ;

---

4. Les erreurs d'approximation dans UTA (voir la section 2.4) sont associées aux alternatives et non au contraintes.

2. Les critères sont séparables. Cette propriété est importante car elle est étroitement liée à l'existence d'une fonction d'agrégation additive représentant la relation de préférence globale (cf. [Moulin, 1989, p. 44] [Vincke, 1992]).

3. Les critères n'interagissent pas entre eux (cf. [Grabisch *et al.*, 1997]). Cela voudrait dire que les critères sont supposés être :
   - non substituables[5] (ou redondants) ;
   - et qu'il n'y a pas de phénomène de complémentarité[6] (*synergie*) entre les critères.

4.4.2. Heuristiques de réification des contraintes modélisant les préférences

Vue la nature des préférences parfois contradictoires, et les restrictions liées à la nature du problème (e.g., non-convexité de la frontière de **Pareto**, l'uniformité de la répartition des solutions supportées [Dhaenens, 2005], etc), il n'est pas toujours possible de trouver un jeu de poids, pour lequel l'ordre induit sur l'ensemble des alternatives satisfait toutes les contraintes modélisant les préférences du décideur. Pour toutes ces raisons, nous avons pensé à proposer un modèle d'élicitation s'appuyant sur une résolution **max-CSP**. Ce modèle permet au décideur de révéler de manière automatique les composantes du vecteur des poids, pour lesquelles l'ordre induit sur l'ensemble des alternatives respecte le maximum de préférences.

Au lieu du simple critère qui consiste à maximiser le nombre de contraintes de préférences satisfaites. Nous relâchons ces contraintes en adoptant un critère plus fin. Ce nouveau critère consiste à associer un coût de violation à chaque relation de préférence. Nous voulons bien évidement que la somme des coûts de violation soit minimisée. Avant

---

5. Par exemple, le décideur n'est pas plus satisfait par une alternative bonne sur deux critères, que par une alternative bonne sur uniquement l'un des deux critères.

6. La complémentarité entre deux critères, par exemple, signifie que pour qu'une alternative soit satisfaisante, il faut qu'elle soit satisfaisante sur les deux critères à la fois.

de présenter nos modèles d'élicitation, nous introduisons ci-dessous deux heuristiques permettant de relâcher les relations de préférence, en leur associant un coût de violation.

Première heuristique

L'idée que nous proposons pour relâcher les relations de préférence, consiste à définir une mesure de violation en se basant sur une norme p. Étant données deux alternatives a et b, et une relation de préférence $a \succ b$, la mesure de violation peut être définie comme la norme π^p du vecteur $\langle a - b \rangle$. Ainsi, la norme $\pi^p(a,b)$ est définie comme :

$$\pi^p(a,b) = (\sum_{i=1}^{n} |u_i(a) - u_i(b)|^p)^{\frac{1}{p}} \qquad (4.17)$$

avec $p \geq 0$. Nous définissons une violation d'une relation de préférence $a \succ b$, comme une variable de coût $\pi^p(a,b)$ dans la fonction objectif. Une interprétation de la mesure de violation pour certaines normes spécifiques est donnée comme suit :

- $\pi^0(a,b) = |\{u_i(a) \neq u_i(b)\}_{i=1}^{n}|$: est le nombre d'éléments différents.
- $\pi^1(a,b) = \sum_{i=1}^{n} |u_i(a) - u_i(b)|$ est la somme des écarts.
- $\pi^2(a,b) = \sum_{i=1}^{n} (u_i(a) - u_i(b))^2$ est la somme des écarts quadratiques.
- $\pi^\infty(a,b) = max\{|u_i(a) - u_i(b)|\}_{i=1}^{n}$ est l'écart maximal.

Il faut noter qu'aucune norme n'est plus générale qu'une autre. Par exemple, minimiser la norme π^1 n'implique pas nécessairement une minimisation de la norme π^2 (voir un exemple dans [Schaus *et al.*, 2007]).

Deuxième heuristique

Dans cette section, nous adoptons une autre heuristique pour relâcher les contraintes de préférences. Cette heuristique est basée sur la *profondeur de la transitivité* de ces préférences afin de déterminer les coûts de violation. Nous faisons l'hypothèse que le graphe de préférences [7] ne comporte aucun circuit. L'algorithme 9 implémente cette heuristique. Il est décrit comme suit :

1. La première instruction initialise une liste L à vide. Cette liste est utilisée pour stocker les coûts de violation des relations de préférence.

2. L'instruction 2 calcule une numérotation topologique du digraphe [8] de préférences $\mathsf{GAP}\langle \mathcal{A}, \mathcal{P} \rangle$. Les sommets de ce graphe représentent les alternatives, et les arcs représentent les relations de préférence.

3. Après, l'algorithme boucle sur tous les sommets $\mathcal{A}$ du graphe $\mathsf{GAP}\langle \mathcal{A}, \mathcal{P} \rangle$ (boucle $3 - 8$). Au niveau de chaque sommet $v \in \mathcal{A}$, il calcule :

   - L'ensemble des successeurs de v, i.e., Γ_v^+ (instruction 4).
   - L'ensemble des prédécesseurs de v, i.e., Γ_v^- (instruction 5) ;
   - Le nombre de successeurs d_v^+ (instruction 6), et le nombre de prédécesseurs d_v^- (instruction 7).
   - La différence D_v entre le nombre de successeurs d_v^+, et le nombre de prédécesseurs d_v^- (instruction 8).

4. Ensuite, l'algorithme boucle sur toutes les relations de préférence (boucle $9 - 11$). Pour chaque relation de préférence $a \succ b \in \mathcal{P}$, il calcule un coût de violation avec l'instruction 10. Ce coût est ensuite ajouté à la liste L (instruction 11).

5. Enfin, l'algorithme retourne la liste des coûts L.

---

7. Un graphe de préférences est un graphe orienté, où les sommets représentent les alternatives, et les arcs représentent les relations de préférence entre ces alternatives.

8. Un digraphe est un graphe dans lequel les arêtes sont orientées et appelées *arcs*.

Algorithm 9: weightingHeuristique $(\mathcal{A}, \mathcal{P})$

Entrée: Un ensemble d'alternatives $\mathcal{A}$; un ensemble de
préférences $\mathcal{P} = \{a, b \in \mathcal{A} \mid a \succ b\}$; un digraphe
acyclique de préférences $\mathsf{GAP}\langle \mathcal{A}, \mathcal{P} \rangle$

Sortie: Le coût de violation de chaque relation de préférence
dans $\mathcal{P}$

1   $L \leftarrow \{\}$
2   $N \leftarrow$ numérotationTopologique($\mathsf{GAP}\langle \mathcal{A}, \mathcal{P} \rangle$)
3   **for** *each* $v \in \mathcal{A}$ **do**
4     $\Gamma_v^+ \leftarrow$ calcSuccesseurs(v)
5     $\Gamma_v^- \leftarrow$ calcPrédécesseurs(v)
6     $d_v^+ \leftarrow |\Gamma_v^+|$
7     $d_v^- \leftarrow |\Gamma_v^-|$
8     $D_v \leftarrow d_v^+ - d_v^-$
9   **for** *each* $a \succ b \in \mathcal{P}$ **do**
10    $\pi(a, b) \leftarrow$ max($|D_a - D_b|, 1$)
11    $L \leftarrow L \cup \{\pi(a, b)\}$
12   **return** L

Exemple illustratif

Nous décrivons les étapes de l'algorithme 9 à travers l'exemple 4.2 présenté ci-dessous.

Exemple 4.2. *Étant donné un problème multicritère ayant 6 alternatives $\mathcal{A} = \{a, b, c, d, e, f\}$ évaluées sur n critères $\{u_1, ..., u_n\}$. Nous supposons que le décideur a exprimé toutes ses préférences. Nous représentons ces préférences à l'aide du graphe orienté acyclique de la figure 4.2.*

1. Initialement, l'algorithme procède avec une *numérotation topologie* du digraphe [9] des préférences $\mathsf{GAP}\langle \mathcal{A}, \mathcal{P} \rangle$ de la figure 4.2. La valeur N_i correspond à une transitivité de profondeur (niveau) i. Un arc continu représente une relation de préférence exprimée par le décideur. Alors qu'un arc discontinu désigne une relation

---

9. Un digraphe est un graphe dans lequel les arêtes sont orientées et appelées *arcs*.

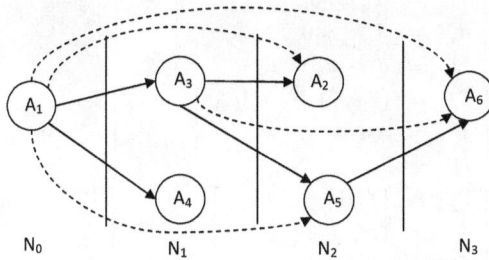

FIGURE 4.2.: Graphe orienté acyclique de préférences $\mathsf{GAP}\langle \mathcal{A}, \mathcal{P} \rangle$.

de préférence déduite par transitivité. Ces arcs constituent la fermeture transitive des relations de préférence du décideur.

2. Après, l'algorithme boucle sur tous les sommets $\mathcal{A}$ du graphe. Pour chaque sommet $v \in \mathcal{A}$, l'algorithme calcule :

- L'ensemble des successeurs de x, i.e., Γ_x^+. Cette valeur désigne le nombre d'alternatives par rapport auxquelles x est préférée.
- L'ensemble des prédécesseurs de x, i.e., Γ_x^- ; Cette quantité désigne le nombre d'alternatives qui sont préférées par rapport à x.
- La différence D_x entre le nombre de successeurs d_x^+, et le nombre de prédécesseurs d_x^-.

Pour l'exemple 4.2 nous obtenons les valeurs suivantes :

$$a: \begin{bmatrix} \Gamma_a^+ &=& \{c,d,b,e,f\}, \Gamma_a^- = \emptyset, \\ d_a^+ &=& |\Gamma_a^+| = 5, \\ d_a^- &=& |\Gamma_{A_1}^-| = 0, \\ D_a &=& d_a^+ - d_a^- = 5 \end{bmatrix} \quad b: \begin{bmatrix} \Gamma_b^+ &=& \emptyset, \Gamma_b^- = \{c,a\}, \\ d_b^+ &=& 0, d_b^- = 2, \\ D_b &=& -2 \end{bmatrix}$$

$$c: \begin{bmatrix} \Gamma_c^+ &=& \{b,e,f\}, \Gamma_c^- = \{a\}, \\ d_c^+ &=& 3, d_c^- = 1, \\ D_c &=& 2 \end{bmatrix} \quad d: \begin{bmatrix} \Gamma_d^+ &=& \emptyset, \Gamma_d^- = \{a\}, \\ d_d^+ &=& 0, d_d^- = 1, \\ D_d &=& -1 \end{bmatrix}$$

$$e: \begin{bmatrix} \Gamma_e^+ &=& \{f\}, \Gamma_e^- = \{a,c\}, \\ d_e^+ &=& 1, d_e^- = 2, \\ D_e &=& -1 \end{bmatrix} \quad f: \begin{bmatrix} \Gamma_f^+ &=& \emptyset, \Gamma_f^- = \{e,c,a\}, \\ d_f^+ &=& 0, d_f^- = 3, \\ D_f &=& -3 \end{bmatrix}$$

3. Enfin, l'algorithme associe un poids à chaque contrainte de préférence $a \succ b \in \mathcal{A}$ avec la formule $\pi(a,b) = max(|D_a - D_b|, 1)$.

4.4.3. Modèle PLNE d'élicitation

Dans cette section, nous proposons un modèle d'élicitation basés sur la programmation linéaire en nombres entiers (**PLNE**). Dans celui-ci, nous modélisons les préférences du décideur à l'aide d'une fonction d'agrégation fondée sur la moyenne pondérée, ou la moyenne pondérée ordonnée [10]. La résolution de ces modèles permet d'éliciter un jeu de poids pour la méthode choisie. Sur la base de ces poids, la fonction d'agrégation sera capable de respecter le maximum de relations de préférence.

Notre modèle d'élicitation est construit avec l'algorithme 10, en se basant sur la première heuristique de réification (voir la section 4.4.2). Néanmoins, ce modèle reste indépendant du choix de l'heuristique. En effet, pour appliquer la deuxième heuristique, il suffit juste de remplacer $\pi^p(a,b)$ par $\pi(a,b)$. La description de l'algorithme 10 est donnée comme suit :

---

[10]. Nous rappelons que dans le cadre de cette méthode, les poids sont associés à des alternatives ayant des éléments ordonnés (i.e., à la valeur la plus mauvaise, à la deuxième valeur mauvaise, et ainsi de suite), plutôt qu'à des critères spécifiques.

4.4. Elicitation des poids de la méthode de la moyenne pondérée (ordonnée)

- La première instruction permet d'initialiser une variable compteur k à 1. Ce compteur comptabilise le nombre de relations de préférence.

- La variable n reçoit le nombre de critères.

- L'instruction 3 définit le domaine des n variables de pondération $w_i, i = 1..n$.

- L'instruction 4 définit n variables binaires de décision.

- L'instruction 5 pose une contrainte sur la somme des valeurs des variables du vecteur de poids w. Cette somme doit être égale à 1, ce qui justifie le terme "moyenne pondérée".

- Les relations de préférence sont traitées dans le corps de la boucle $6 - 8$. Ainsi, pour chaque relation de préférence $a \succ b \in \mathcal{P}$, nous posons une contrainte réifiée (instruction 7). Ce type de contraintes peut être formulé en utilisant la constante M ($bigM$), i.e., $O_w(a) \leq O_w(b) - \epsilon + M \cdot pref_k$, ou à l'aide des *indicateurs* [11]. Notons que ϵ est une valeur strictement positive et suffisamment petite.

  Par ailleurs, nous supposons que le décideur a préalablement choisi la fonction d'agrégation O_w qu'il veut paramétrer [12]. Il est à noter aussi que dans le cas de la méthode de la moyenne pondérée ordonnée, nous supposons que les composantes de chaque alternative sont déjà triées (par ordre non-décroissant, voir la section 2.3.5).

- L'instruction 9 offre la possibilité d'étendre le modèle d'élicitation avec des contraintes spécifiques au problème traité (e.g., $w_1 \geq 0.5$, $w_2 < w_3$, etc), ou bien à la méthode choisie (e.g., les contraintes Orness et Entropie dans le cas de la méthode OWA). Par exemple, suivant la méthode OWA, le décideur pourra poser la contrainte Orness (voir la formule (2.18)) afin de contrôler le

---

11. En PLNE, un indicateur est une variable logique associée à la valeur de véracité, 0 ou 1, d'une contrainte. Elle est l'équivalent des variables réifiées en programmation par contraintes.

12. La méthode de la moyenne pondérée, et la méthode la moyenne pondérée ordonnée sont détaillées respectivement dans les sections 2.3.1 et 2.3.5.

taux de compensation entre les critères, ou même choisir le type de l'opérateur d'agrégation : min, max, raffinements, compromis entre le min et le max.

- L'instruction 10 pose une fonction objectif minimisant la somme des coûts des violations des contraintes de préférence. Cette fonction associe un coût de violation à chaque variable de réification $pref_k$, en utilisant la formule (4.17). Il faut mentionner que la norme p doit être à priori spécifiée.

- Après la résolution du modèle d'élicitation, la dernière instruction retourne l'instanciation optimale $\hat{v}(w)$ du vecteur de pondération w.

Algorithm 10: weightsElicit $(\mathcal{A}, \mathcal{P}, p)$

Entrée: Un ensemble d'alternatives $\mathcal{A}$; un ensemble de préférences $\mathcal{P} = \{a, b \in \mathcal{A} \mid a \succ b\}$; une norme p ; une relation de préférence globale fondée sur la moyenne pondérée ordinaire (ou ordonnée) O_w

Sortie: Vecteur de pondération w pour la méthode O_w

1   $k \leftarrow 1$
2   $n \leftarrow |w|$
3   $w \in [0, 1]^n$
4   $pref \in \{0, 1\}^n$
5   POST $\sum_{i=1}^{n} w_i = 1$
6   **for** *each* $a \succ b \in \mathcal{P}$ **do**
7 | POST $O_w(a) \leq O_w(b) - \epsilon \Leftrightarrow pref_k$
8 | $k \leftarrow k + 1$
9   POST $\cdots$ /* poser les contraintes du problème */
10   POST Minimize ($\displaystyle\sum_{\substack{1 \leq k \leq |pref| \\ \{a \succ b \mid a, b \in \mathcal{A}\}}} \pi^p(a, b) \cdot pref_k$)

11   **return** w

Exemple illustratif

Nous décrivons notre démarche de construction d'un modèle linéaire d'élicitation à travers l'exemple classique suivant :

TABLE 4.1.: Jeu de données pour la méthode de la somme pondérée.

	u_1	u_2	u_3	u_4
a	0.7	0.8	0.6	0.4
b	0.6	0.5	0.9	0.3
c	0.8	0.6	0.5	0.5
d	0.4	0.9	0.6	0.7

Exemple 4.3. *Étant donné un problème multicritère ayant 4 critères $\{u_1, ..., u_4\}$, que nous voulons aborder avec la méthode multicritère de la somme pondérée. Nous développons ici le cas où ces critères sont à minimiser. Les données de ce problème sont représentées dans la table (4.1). Par souci de simplicité, nous nous limitons à un échantillon de 4 alternatives $\mathcal{A} = \{a, b, c, d\}$.*

Sur la base de l'exemple ci-dessus, le décideur exprime ses préférences en remplissant une matrice prévue à cet effet (voir la table 4.2). Il s'agit d'une matrice triangulaire supérieure de taille $(m-1) \times (m-1)$ avec $m = 4$ où $m = |\mathcal{A}|$. Les éléments de cette matrice correspondent aux préférences du décideur. Nous avons donc les quatre cas suivants :

- $\succ$: le décideur préfère l'alternative a sur b (i.e., $a \succ b$) ;
- $\prec$: le décideur préfère l'alternative b sur a (i.e., $a \prec b$) ;
- $\sim$: le décideur trouve que les deux alternatives a et b sont indifférentes (i.e., $a \sim b$) ;
- ? : le décideur n'arrive pas à comparer entre les deux alternatives a et b (i.e., *non* $(a \succ b)$ et *non* $(b \succ a)$).

A partir de la matrice des préférences illustrée sur le tableau 4.2, nous pouvons faire ressortir l'ensemble des relations de préférence : $\mathcal{P} = \{(a \succ b), (c \succ a), (a \succ d), (c \succ d)\}$.

Nous poursuivons ensuite notre démarche de construction du modèle PLNE d'élicitation. Dans ce but, nous exploitons la formule (4.17) pour mesurer le coût de violation de chaque relation de préférence dans $\mathcal{P}$.

TABLE 4.2.: Matrice des préférences associée au jeu de données de l'exemple 4.3.

	b	c	d
a	$\succ$	$\prec$	$\succ$
b		?	$\prec$
c			$\succ$

Par exemple, la relation de préférence $a \succ b \in \mathcal{P}$ est modélisée avec la contrainte souple suivante :

$$\sum_{k=1}^{4} w_k u_k(a) \leq \sum_{k=1}^{4} w_k u_k(b) - \epsilon + M \cdot p \qquad (4.18)$$

où $p \in \{0, 1\}$ est une variable binaire de décision, et M (big M) représente une constante très grande. Ces deux ingrédients (p et M) sont utilisés conjointement afin de réifier les contraintes sur les préférences.

En somme, les relations de préférence dans $\mathcal{P}$ vont être utilisées pour construire le système de contraintes linéaires (4.19). La fonction objectif associée à ce système est exprimée en utilisant des variables binaires de décision $p_i, i = 1..|\mathcal{P}|$. Le vecteur des coefficients de cette fonction est obtenu en calculant la norme 1 (π^1) de chaque relation de préférence. Le modèle d'optimisation qui en résulte est donné comme suit :

```
Minimize    π¹(a,b) · p₁ + π¹(c,a) · p₂ + π¹(a,d) · p₃ + π¹(c,d) · p₄
subject to
```
$$\pi^1(a,b) \cdot p_1 + \pi^1(c,a) \cdot p_2 + \pi^1(a,d) \cdot p_3 + \pi^1(c,d) \cdot p_4$$
$$\sum_{k=1}^{4} w_k u_k(a) \leq \sum_{k=1}^{4} w_k u_k(b) - \epsilon + M \cdot p_1$$
$$\sum_{k=1}^{4} w_k u_k(c) \leq \sum_{k=1}^{4} w_k u_k(a) - \epsilon + M \cdot p_2$$
$$\sum_{k=1}^{4} w_k u_k(a) \leq \sum_{k=1}^{4} w_k u_k(d) - \epsilon + M \cdot p_3$$
$$\sum_{k=1}^{4} w_k u_k(c) \leq \sum_{k=1}^{4} w_k u_k(d) - \epsilon + M \cdot p_4$$
$$\sum_{k=1}^{4} w_k = 1$$
$$w \in [0,1]^4, \ p \in \{0,1\}^{|\mathcal{P}|}$$

$$(4.19)$$

Enfin, pour résoudre ce modèle d'optimisation, nous pouvons utiliser n'importe quel solveur **PLNE** de l'état de l'art (e.g., **Soplex**, **Cplex**, **Gurobi**, etc).

4.5. Conclusion

L'élicitation du paramètre de la méthode d'ordre lexicographique a été abordée avec un ensemble de modèles **PPC** et **PLNE**. Notre modèle d'élicitation **PPC** exploite efficacement l'expressivité et la puissance des contraintes globales, et tout particulièrement les concepts de réification et de **max-CSP**, qui sont disponibles dans la plupart des solveurs actuels. Par contre, une linéarisation directe de ce modèle à contraintes en vue d'être résolu par un solveur **PLNE**, a donné un modèle naïf et pratiquement couteux. Nous avons proposé un autre modèle améliorant le premier. L'idée consiste à reformuler la méthode lexicographique à l'aide de la méthode de la somme pondérée. Les faiblesses de ce dernier modèle en termes de stabilité numérique ont été étudiées. Cette étude nous a mené vers un troisième modèle **PLNE** calculant soigneusement les coefficients nécessaires pour avoir le même comportement de la méthode lexicographique. Une autre contribution sur l'élicitation pour l'ordre lexicographique consiste à déterminer l'ensemble minimal de critères de décision qui permet d'une part de respecter au mieux les préférences du décideur, et d'une autre part de restreindre le nombre de critères de décision.

Pour élargir notre spectre d'élicitation des paramètres, nous avons abordé d'autres méthodes multicritères : une proposition d'un modèle **PPC** d'élicitation des fonctions d'utilité pour la méthode **Leximin** ; une deuxième proposition d'un modèle **PLNE** de l'élicitation des poids pour la somme pondérée et la méthode **OWA**.

En raison du fait que les approches exactes sont parfois couteuses, nous proposons dans le chapitre suivant une approche gloutonne pour

4. Elicitation exacte des paramètres

l'élicitation de la méthode Lexicographque, avec un bon compromis entre la qualité de la solution et le temps d'exécution.

5. Elicitation approchée des paramètres

C E chapitre est consacré à une approche gloutonne d'élicitation du paramètre de la méthode multicritère d'ordre lexicographique (LO). Cette approche est basée sur des techniques issues des statistiques descriptives. Nous étudions l'exploitation du coefficient de corrélation *rho* de Spearman pour résoudre le problème d'élicitation des paramètres de la méthode LO. Une première exploitation du coefficient statistique *rho* de Spearman consiste à l'utiliser comme une heuristique gloutonne. Une deuxième exploitation propose l'intégration de ce coefficient statistique dans deux méthodes exactes basées respectivement sur la programmation par contraintes et sur la programmation linéaire en nombres entiers. Nous proposons deux critères d'optimalité servant à mesurer la qualité des solutions retournées.

Sommaire

5.1. Introduction

La méthode d'ordre lexicographique (LO) [Marler et Arora, 2004] est une méthode multicritère utilisée pour établir une relation stricte de dominance entre les critères. Comme toutes les méthodes d'optimisation multicritère, la méthode d'ordre lexicographique a un paramètre qui doit être fixé avec soin, soit pour déterminer la solution optimale (meilleur compromis) ou pour classer l'ensemble des solutions faisables (alternatives). Le paramètre de cette méthode est un ordre total sur les critères. C'est pourquoi nous proposons des méthodes d'élicitation afin d'assister le décideur (DM) à fixer ces paramètres. Dans cette optique, nous supposons que nous disposons d'un sous-ensemble fini d'alternatives, et nous faisons l'hypothèse de la disponibilité des informations préalables sur les préférences du décideur, à savoir un vecteur de valeurs agrégées (outcomes) (cf. [Beliakov, 2003]). Ainsi, chaque solution est affectée d'une valeur quantifiant la préférence du décideur. Nous notons aussi que nous nous concentrons essentiellement sur la façon d'utiliser ces préférences, plutôt que sur la façon de les obtenir.

Les approches exactes proposées dans le chapitre précédent sont parfois couteuses et incapables de capturer la solution globale. Par contre, une méthode gloutonne[1] a pour but de trouver une solution avec un bon compromis entre la qualité de la solution et le temps d'exécution. Ceci nous a motivé à développer deux approches gloutonnes basées sur les statistiques afin de résoudre le problème d'élicitation posé. Au niveau de l'état de l'art sur l'élicitation de l'opérateur lexicographique, nous renvoyons le lecteur au début de la section 4.2.

Enfin, nous proposons une approche qui consiste à injecter la solution gloutonne calculée avec l'algorithme détaillé dans ce chapitre, dans les deux approches exactes (voir le chapitre 4) pour améliorer leurs performances.

---

1. Le principe d'une méthode gloutonne consiste à construire une solution *incrémentalement* en rajoutant à chaque étape un élément selon un critère *glouton*, i.e., celui qui nous paraît "localement" le meilleur. On fait donc des choix à "court terme" sans jamais les remettre en cause.

5.2. Critères d'optimalité

Nous avons proposé deux critères d'optimalité pour les raisons suivantes :

- D'une part, dans le contexte de la problématique d'élicitation des préférences, ces critères nous permettent de mesurer la qualité du paramètre élicité. Cette information est importante pour le décideur afin de savoir à quel point la méthode multicritère est en accord avec ses préférences.

- D'autre part, ces critères permettent de se positionner par rapport aux résultats des approches exactes (**PPC** et **PLNE**), en mesurant le degré de similarité entre les solutions apportées par les approches gloutonnes, et les solutions données par les approches exactes. Enfin, cette mesure de similarité va nous permettre de quantifier la robustesse des solutions approchées.

Voici les critères que nous allons examiner lors de la description des approches proposées.

Premier critère : Le premier critère d'optimalité que nous avons adopté est fondé sur la mesure de désordre donnée à travers la définition suivante [Aribi et Lebbah, 2013d] :

Définition 5.1 (Mesure de désordre). *Soit $A_* = (A_1, ..., A_m)$ un ordre optimal entre les m alternatives. Cet ordre est obtenu suivant les valeurs des outcomes (i.e., les valeurs agrégées des alternatives) Y. Plus précisément, $rank(A_i, Y^\uparrow) < rank(A_{i+1}, Y^\uparrow), i = 1, ..., m-1$, où $rank(A_i, Y^\uparrow)$, désigne le rang de la valeur de l'outcome de l'alternative A_i dans le vecteur des outcomes trié, noté $Y^\uparrow$. Soit maintenant $A_\theta = (A_{\sigma(1)}, ..., A_{\sigma(m)})$ un ordre lexicographique entre les alternatives, obtenu suivant une permutation entre les critères θ. Ainsi, la mesure de désordre que nous proposons entre A_θ et A_*, est donnée par la somme des valeurs suivantes de vérité :*

$$D(A_\theta, A_*) = \sum_{i=1}^{n-1} v_i, \ where \ v_i = \begin{cases} 1 & \text{si } \sigma(i) > \sigma(i+1), \text{ \% violation} \\ 0 & \text{sinon} \quad \text{\% pas de violation} \end{cases} \tag{5.1}$$

Quand les deux ordres sont identiques, alors $D(A_\theta, A_*) = 0$. Si A_* est strictement croissante, et A_θ contient les éléments de A_* dans l'ordre inverse, alors $D(A_\theta, A_*) = m - 1$, où $m = |A_*|$. La complexité en temps de cette mesure de désordre est en $\mathcal{O}(m)$.

Exemple 5.1. *Étant donné un ensemble comprenant 7 alternatives ordonnées suivant les valeurs des outcomes, i.e., $A_* = (A_1, A_2, ..., A_7)$. Soit un deuxième ordre $A_\theta = (A_{\sigma(1)}, ..., A_{\sigma(7)}) = (A_1, A_4, A_2, A_7, A_3, A_6, A_5)$. Cet ordre est donné par la méthode d'ordre lexicographique, et suivant une permutation choisie entre les critères θ. En appliquant le critère du désordre donné par la formule (5.1) ci-dessus, nous obtenons : $D(A_\theta, A_*) = |\{(i, i + 1), i \in \{1, ..., 6\}, \sigma(i) > \sigma(i + 1)\}| = |\{(2, 3), (4, 5), (6, 7)\}| = 3$, i.e., la somme des paires $(i, i + 1)$ qui sont à l'origine des violations entre les deux ordres est égale à 3.*

Pour donner une idée assez précise sur le degré du désordre, il convient de normaliser la valeur de $D(A_\theta, A_*)$. Il s'agit de diviser le résultat par le nombre de paires total $m - 1$ (i.e., sur 6 dans cet exemple).

Bien que cette mesure a une complexité de calcul linéaire $\mathcal{O}(m)$, le point faible de ce critère, est que nous pouvons trouver deux ordres différents $A_{\theta'}$ et $A_{\theta''}$, ayant le même degré de désordre, mais dont le premier est meilleur par rapport à l'autre.

Exemple 5.2. *Soit $A_* = (A_1, ..., A_9)$ l'ordre idéal entre 9 alternatives, et soient les deux ordres suivants :*

- $A_{\theta'} = (A_1, A_2, A_3, A_4, \mathbf{A_9}, A_5, A_6, A_7, A_8)$, *et*
- $A_{\theta''} = (A_6, A_7, A_8, A_9, A_1, A_2, A_3, A_4, A_5)$.

5. Elicitation approchée des paramètres

Comme nous pouvons le remarquer, le premier ordre est plus intéressant par rapport au deuxième, alors que ces deux ordres ont le même degré de violation, i.e., $D(A_{\theta'}, A_Y) = D(A_{\theta''}, A_Y) = 1$. En clair, ce premier critère de désordre ne capte pas toute l'information sur le désordre. Pour pallier à cette faiblesse, nous proposons une deuxième mesure qui raffine celle que nous avons déjà présentée. Cette nouvelle mesure est basée sur la distance de Kendall (voir le chapitre 3.4), et elle est introduite dans la définition (5.3).

Définition 5.2 (Permutation optimale). *Une permutation θ^* est dite optimale, si et seulement si pour toute permutation θ, nous avons :*

$$D(A_\theta, A_*) \geq D(A_{\theta^*}, A_*) \tag{5.2}$$

Deuxième critère : Notre deuxième critère d'optimalité est basé sur la distance *tau* de Kendall [Aribi et Lebbah, 2013b].

Définition 5.3 (Mesure du désordre). *Soit $\theta = [\theta(1), ..., \theta(n)]$ une permutation entre n critères $[1, ..., n]$. Suivant la valeur de θ, nous obtenons un ordre lexicographique $A_\theta = [A_{\sigma(1)}, ..., A_{\sigma(m)}]$, où $[\sigma(1), ..., \sigma(m)]$ est une permutation de $[1, ..., m]$. La mesure du désordre associée à A_θ est donnée par :*

$$D(A_\theta) = K([\sigma(1), ..., \sigma(m)], [1, ..., m]) \tag{5.3}$$

où $K(\tau_1, \tau_2)$ désigne la distance tau de Kendall entre deux listes τ_1 et τ_2 (voir la définition 3.4). Cette distance s'intéresse à la cardinalité de tous les mouvements (ou le nombre d'opérations de swap) possibles, qui permettent de ramener l'ordre des éléments de la première liste vers l'ordre donné dans la deuxième liste.

Définition 5.4 (Permutation optimale). *Une permutation θ^* est dite optimale si et seulement si pour toute permutation θ,*

$$D(A_\theta) \geq D(A_{\theta^*}) \tag{5.4}$$

Bien que cette deuxième mesure de désordre souligne bien sa pertinence par rapport à la mesure présentée plus haut, cette métrique s'intéresse aux $m(m-1)/2$ relations possibles, et donc elle a une complexité de calcul plus importante que la première (i.e., $\mathcal{O}(m^2)$ [Xu *et al.*, 2007]).

Reprenons l'exemple 5.2, et essayons de mesurer le désordre en utilisant cette deuxième définition. Nous obtenons dans ce cas les valeurs données ci-dessous :

- $D(A_{\theta'}) = |\{(5,6),(5,7),(5,8),(5,9)\}| = \mathbf{4}$.
- $D(A_{\theta''}) = |\{(1,5),(1,6),(1,7),(1,8),(1,9),(2,5),(2,6),(2,7),$ $(2,8),(2,9),(3,5),(3,6),(3,7),(3,8),(3,9),(4,5),(4,6),(4,7),$ $(4,8),(4,9)\}| = \mathbf{20}$.

Ce résultat montre clairement que la première permutation est plus intéressante par rapport à la deuxième permutation $(D(A_{\theta''}) \gg D(A_{\theta'}))$.

Dans les sections qui suivent, nous allons présenter nos trois approches gloutonnes servant à éliciter le paramètre de la méthode d'ordre lexicographique.

5.3. Approche gloutonne basée sur le coefficient rho de Spearman

Dans ce qui suit, nous mettons l'accent sur la façon d'utiliser le coefficient de corrélation rho de Spearman (voir la section 3.3.2), pour déterminer de manière heuristique une permutation robuste entre les critères. La démarche globale est donnée dans l'algorithme 11. Cet algorithme applique une recherche gloutonne basée sur le coefficient rho de Spearman. Nous commençons par la conversion des valeurs des outcomes à des rangs I (*inst.* 1, fonction rank). Ensuite, nous parcourons tous les critères dans $N = \{1, ..., n\}$ (*boucle* $2-5$). Ainsi, pour chaque critère i, nous calculons son vecteur de rangs R_i (*inst.* 3). Nous utilisons la formule (3.5) pour calculer la valeur rho de Spearman, entre les deux vecteurs de rangs (*inst.* 4, fonction computeRho). Après, nous associons au $i^{\text{ième}}$ critère, une paire composée de valeurs du coefficient de corrélation (rho_i), et son indice (i). La paire (rho_i, i) résultante est ajoutée dans la liste $rhoList$ (*inst.* 5). L'instruction (6) trie les éléments de la liste $rhoLis$ (suivant un ordre non-croissant) par rapport aux valeurs du coefficient rho de Spearman, et stocke la permutation obtenue (à savoir les indices des critères) dans θ. Enfin, l'algorithme 11 fournira en sortie θ comme étant une permutation robuste entre les critères (*inst.* 7).

Algorithm 11: statElicit(N, Y)

Entrée: Un ensemble fini de n critères $N = \{1, ..., n\}$; un vecteur d'*outcomes* Y

Sortie: Une permutation robuste θ entre les critères

$I \leftarrow$ rank(Y)

for $i \leftarrow 1$ ***to*** n **do**

 | $R_i \leftarrow$ rank(i)
 | $rho_i \leftarrow$ computeRho(R_i, I) /* calculé avec la formule
 | (3.5) */
 | $rhoList \leftarrow rhoList \cup \{(rho_i, i)\}$

$\theta \leftarrow$ sort$(rhoList)$ /* tri suivant les valeurs rho de Spearman */

return θ

Cet algorithme a la capacité de trouver rapidement une solution de bonne qualité. En effet, comme nous le verrons dans la partie expérimentale, il réussit généralement à capturer des solutions qui sont très proches des solutions optimales données par les méthodes exactes. Néanmoins, la méthode basée sur Spearman est heuristique, elle peut éventuellement trouver un ordre non optimal. Nous soulignerons des contre-exemples dans la partie expérimentale.

Du moment que cette approche est fondée sur une des mesures statistiques, elle s'appuie sur l'hypothèse nulle (H_0). Cette hypothèse indique qu'il existe une forte probabilité qu'il n'y ait pas d'association entre deux variables dans la population sous-jacente. Souvent, un test de pertinence (calculant la p-valeur [Zar, 1972])[2], est utilisé pour étudier s'il convient d'accepter ou de rejeter H_0, selon un niveau de pertinence α, le plus souvent fixé à 5%.

Il faut noter que la p-valeur ne mesure pas l'importance des corrélations, mais elle pourrait être utile pour déterminer si vraiment une corrélation existe. Ainsi, l'obtention d'une p-valeur de 0.001, par exemple, ne signifie pas que la relation est plus forte que si nous avions obtenu une p-valeur de 0.04 (cf., [Zar, 1972]).

L'algorithme 11 implémente une heuristique simple et efficace que nous avons trouvée en utilisant le coefficient de Spearman. Par exemple, après avoir choisi le premier critère comme étant le critère ayant la valeur *rho* de Spearman la plus élevée, nous pourrions choisir le prochain deuxième critère en ne considérant que les solutions non-ordonnées. Malheureusement, dans ce cas, le coefficient de corrélation *rho* de Spearman sera moins efficace car il va opérer sur des échantillons de tailles de plus en plus petites. Par contre, si nous prenons en considération l'ensemble des alternatives pour trouver l'ordre entre les critères, le coefficient *rho* de Spearman sera plus précis, d'ailleurs, l'algorithme reste simple.

L'approche basée sur le coefficient *rho* de Spearman ne travaille pas directement sur les données originales de l'échantillon, mais plutôt sur

---

2. Un test de pertinence indique la probabilité qu'un résultat soit dû au hasard.

des rangs. Elle est donc insensible à la nature de la monotonie (i.e., linéaire, logarithmique ou exponentielle).

Nous notons que, pour n critères et m alternatives, l'algorithme 11 a une complexité en temps de $\mathcal{O}(n \times (m \log m + \log n))$. Plus précisément, nous avons $n \times (m \log m)$ pour les n appels à la fonction qui calcule le coefficient rho de Spearman (voir *inst.* 4), et $n \log n$ pour trier les éléments de la liste $rhoList$ (voir *inst.* 6).

5.4. Exemple illustratif

Considérons une situation dans laquelle un vendeur souhaite expliquer/justifier à ses clients le prix de ses différents produits, à savoir des appareils photo numérique. Un appareil photo numérique est caractérisé par plusieurs critères : le nombre de méga-pixels, le poids, la plage de variation maximale de zoom, etc. Le vendeur voudrait fournir à ses clients une explication simple et cohérente des prix des appareils. Les clients de ce vendeur ne comprennent pas les compromis subtils entre les critères. En effet, ils ne peuvent comprendre qu'un seul critère (e.g., le zoom) qui serait plus important qu'un autre (e.g., le poids). Il s'agit donc de trouver un ordre (ou une permutation) entre les critères qui justifie au mieux le prix des produits.

Nous disposons du vecteur des valeurs agrégées Y, correspondant aux *prix* des produits. Le vendeur voudrait expliquer/justifier ces prix auprès de ses clients. Un échantillon de 18 appareils est présenté dans le tableau 5.1, où X_1 indique le *poids*, X_2 est la *résolution* du capteur d'image, et X_3 est le *zoom* de l'appareil. Dans cet exemple, nous cherchons à trouver une permutation entre les critères qui minimise le critère d'optimalité donné par l'équation (5.4).

Selon la méthode gloutonne, nous mesurons le degré de monotonie en utilisant la méthode basée sur le coefficient de corrélation rho de Spearman (r_s), entre chaque critère et le vecteur des valeurs agrégées.

TABLE 5.1.: Un échantillon de 18 appareils pour le problème du vendeur

#	X_1	X_2	X_3	Y
1	210	2	5	389
2	270	2	2	416
3	200	4	2	421
4	280	4	4	425
5	300	6	12	434
6	310	8	1	449
7	280	8	5	461
8	320	12	6	465
9	220	14	8	468
10	360	14	7	473
11	250	18	7	478
12	250	20	9	484
13	390	20	10	485
14	340	22	9	488
15	400	24	3	527
16	470	26	12	529
17	510	28	14	532
18	440	30	13	566
r_s	0.763	0.997	0.689	

5. Elicitation approchée des paramètres

Nous rappelons ici qu'une valeur r_s proche de 1, désigne une monotonie forte et donc un désordre faible. Pour notre cas d'étude, nous avons obtenu $[\underline{0.763}, \underline{0.997}, \underline{0.689}]$ comme vecteur de coefficients, pour X_1, X_2 et X_3 respectivement. Nous rappelons ici que le soulignement indique que le résultat est inférieur au seuil d'importance statistique [3] (α, le plus souvent égal à 5%, cf. [Corder et Foreman, 2009]). En conséquence, nous concluons qu'une monotonie forte existe entre Y et chaque critère X_i. Ensuite, une permutation est obtenue en triant les critères suivant un ordre non croissant des éléments de ce vecteur. Nous obtenons ainsi $[X_2, X_1, X_3]$ qui désigne une permutation robuste (θ_{rs}) entre les critères. Dans cette permutation, X_2 est le critère le plus important, et ainsi de suite en terminant par X_3.

Nous notons que si jamais la valeur du coefficient rho de Spearman pour un critère X_i est négatif, alors ceci signifie que X_i est pratiquement dans l'ordre inverse par rapport à Y. Dans ce cas, si nous prenons $-X_i$, alors ce critère pourra éventuellement surclasser les autres critères $X_j, j \in \{1, ..., n\}, j \neq i$. Mais puisque notre approche n'élicite pas le signe des critères, nous retenons le meilleur ordre calculé en utilisant X_i au lieu de $-X_i$. De toute façon, l'élicitation du signe du critère pourrait être facilement intégrée dans notre approche, mais pour plus de clarté, notre travail a porté sur la difficulté réelle du problème d'élicitation : faire surgir la meilleure permutation entre les critères.

Par ailleurs, les approches exactes que nous avons proposées (i.e., PPC et PLNE) dans le chapitre 4 permettent de trouver la permutation optimale par construction, et sur notre exemple, les deux ont donné la même permutation (optimale), i.e., $\theta_{rs} = \theta_{ppc} = \theta_{plne}$.

Enfin, en se servant du critère d'optimalité (exploitant la mesure du désordre, voir la définition 5.3), nous pouvons évaluer la qualité du paramètre (optimal et non-optimal) calculé. Cette information est cru-

---

3. Le seuil d'importance indique la probabilité qu'un résultat est dû au hasard.

ciale pour le décideur, car elle montre à quel degré la méthode (avec paramètre élicité) est capable de restituer (ou respecter) ses préférences. Sur notre exemple d'étude, la mesure du désordre associée à la permutation élicitée est égale à 0.97, ce qui signifie que la méthode d'ordre lexicographique paramétrée avec la permutation obtenue capture presque la totalité des préférences du décideur.

5.5. Approche hybride

L'approche hybride consiste à combiner la méthode gloutonne et une méthode exacte pour accélérer le processus de résolution. En effet, l'obtention d'une bonne solution réalisable très tôt peut améliorer considérablement les performances de résolution des deux méthodes exactes, car elle fournit une borne inférieure efficace pour la fonction objectif. Comme il a déjà été mentionné, l'utilisation du coefficient *rho* de Spearman dans la méthode gloutonne conduit à une solution de bonne qualité. Sur la base de cette idée, nous proposons d'injecter la solution de la méthode gloutonne dans les méthodes exactes, et d'examiner dans quelle mesure cela peut affecter les performances de résolution des approches PPC/PLNE.

La procédure d'optimisation par séparation-évaluation (*Branch and Bound*) est le schéma algorithmique de base pour résoudre nos modèles PPC et PLNE. Brièvement, cette procédure consiste à chercher une première solution en parcourant l'arbre de recherche, à évaluer son coût v donné par la fonction objectif, et à continuer (ou à redémarrer) la recherche en ajoutant la contrainte de coût $F > v$. Cette contrainte est ensuite propagée afin de réduire l'arbre de recherche. Ce qui permet de ne plus parcourir que les nœuds susceptibles de contenir une solution potentiellement meilleure que la solution courante [Land et Doig, 1960]. Si en explorant l'arbre de recherche, cette procédure n'arrive pas à améliorer la meilleure solution trouvée, alors ceci constitue une preuve d'optimalité de la dernière solution (coût). L'ensemble des solutions optimales peut éventuellement être énuméré, en relançant une recherche avec le coût optimal qu'on vient de trouver.

Dans notre contexte, les modélisations PPC et PLNE visent à maximiser la satisfaction des relations de préférence données par l'utilisateur. La solution calculée avec la méthode gloutonne basée sur le coefficient rho de Spearman est une solution réalisable pour les deux modèles PPC et PLNE. En conséquence, cette solution est nécessairement une borne inférieure de coût v_h, c'est-à-dire que, par la suite, la valeur de la fonction objectif F doit être nécessairement supérieure à v_h. Cette borne va donc accélérer la procédure par séparation-évaluation, en élaguant rapidement des branches de l'arbre de recherche qui ne peuvent pas améliorer cette borne (en posant $F > v_h$). En PLNE, la solution de la relaxation continue [Wolsey, 1998] au niveau d'un nœud de l'arbre de recherche est une borne supérieure qui doit être supérieure à v_h, sinon le nœud est élagué.

5.6. Discussion

Capacité d'inférence des statistiques descriptives

Hormis les avantages de la technique statistique que nous avons exploitée (i.e., coefficient rho de Spearman), les statistiques offrent un autre avantage quand la population est trop vaste pour être étudiée dans sa globalité (l'espace des solutions faisables dans notre contexte). En effet, la statistique permet de prélever un échantillon de taille suffisante[4] à étudier. L'étude réalisée sur cet échantillon, permet de tirer des conclusions sur la population globale, en utilisant des lois de probabilité (test-statistique, hypothèse nulle, p-value, niveau d'importance α, etc.). Cette aptitude inférentielle constitue un avantage dans

---

4. Le problème du choix de la taille minimale de l'échantillon a été largement étudié, nous orientons le lecture à [Tabachnick et Fidell, 2006 ; Zar, 1972] pour de plus ample détails.

le contexte de l'élicitation des paramètres. En effet, le décideur est intéressé non seulement par un paramètre qui restitue au mieux ses préférences, mais s'intéresse encore plus au paramètre qui convient le mieux aux solutions de l'espace réalisable du problème multicritère.

Comparaison entre les coefficients *tau* de Kendall et *rho* de Spearman

Nous discutons une question que nous jugeons importante : *Distance tau de Kendall ou coefficient rho de Spearman, que choisir ?* En effet, du moment que les deux mesures peuvent être utilisées pour capturer le degré du désordre entre deux listes d'éléments de même taille, alors quelle est la différence entre ces deux métriques ? et pour quels types de problèmes utilisons-nous Kendall et Spearman ? Nous allons donc, tout au long de cette section, essayer de donner des éléments de réponse à ces questions à travers deux exemples numériques (voir les tableaux 5.2 & 5.3).

Exemple 5.3. *Étant données deux listes τ_1 et τ_2 comprenant les valeurs qui sont présentées dans le tableau 5.2.*

Le coefficient *rho* de Spearman (voir la formule (3.6)) capture le degré de la monotonie (ou concordance) entre deux ordres. Donc, pour pouvoir comparer ce coefficient avec la distance *tau* de Kendall (voir la formule (3.4)), il convient de reformuler la distance *tau* de Kendall pour qu'elle capture la même chose. Il s'agit d'adopter la formule suivante pour la distance *tau* de Kendall :

$$tau(\tau_1, \tau_2) \;=\; \frac{C(\tau_1, \tau_2) - D(\tau_1, \tau_2)}{C(\tau_1, \tau_2) + D(\tau_1, \tau_2)} \tag{5.5}$$

où

TABLE 5.2.: Illustration du calcul du désordre en utilisant la distance *tau* de Kendall et la distance *rho* de Spearman.

		tau de Kendall		*rho* de Spearman	
τ_1	τ_2	$C(\tau_1, \tau_2)$	$D(\tau_1, \tau_2)$	$d(\tau_1, \tau_2)$	$d(\tau_1, \tau_2)^2$
1	2	10	1	1	1
2	1	10	0	1	1
3	4	8	1	1	1
4	3	8	0	1	1
5	6	6	1	1	1
6	5	6	0	1	1
7	8	4	1	1	1
8	7	4	0	1	1
9	10	2	1	1	1
10	9	2	0	1	1
11	12	0	1	1	1
12	11	–	–	1	1

$$d(\tau_1, \tau_2) = \tau_{1i} - \tau_{2i}, i = 1, ..., |\tau_{1,2}|$$

$$
\begin{aligned}
D(\tau_1, \tau_2) &= K(\tau_1, \tau_2) \\
C(\tau_1, \tau_2) &= \frac{m(m-1)}{2} - D(\tau_1, \tau_2), \quad m = |\tau_1| = |\tau_2|
\end{aligned}
$$

Autrement dit, avec cette nouvelle formule (5.5), la distance est donnée par le nombre total de paires de concordance $C(\tau_1, \tau_2)$, moins le nombre de paires de discordance $D(\tau_1, \tau_2)$, sur le nombre total des paires $(C(\tau_1, \tau_2) + D(\tau_1, \tau_2) = m(m-1)/2, m = |\tau_{1,2}|)$. Il en résulte que *tau* $\in [-1, 1]$, ce qui signifie que pour un ordre parfait entre les deux listes τ_1 et τ_2, *tau* $= 1$. Sinon, si la liste τ_1 est donnée dans un ordre inversé par rapport à τ_2 alors *tau* $= -1$.

En contrepartie, l'idée du coefficient *rho* de Spearman est différente. Ce coefficient calcule la somme des carrés des écarts entre τ_1 et τ_2 divisée par $m(m^2 - 1)$. En effet, nous avons souligné dans le chapitre

2 l'existence d'une formule plus simple pour calculer le coefficient *rho* de Spearman (voir l'équation (3.6)), dans le cas où toutes les valeurs de τ_1 et τ_2 sont toutes différentes. Calculons les valeurs *tau* de Kendall et *rho* de Spearman sur l'exemple 5.3.

$$tau(\tau_1,\tau_2) = \frac{60-6}{60+6} = \frac{54}{66} = \mathbf{0.818}$$
$$rho(\tau_1,\tau_2) = 1 - \frac{6\sum_{i=1,...,12}(d_i=1)^2}{12(12^2-1)} = 1 - \frac{72}{1716} = \mathbf{0.958}$$

Nous remarquons à travers l'exemple 5.2, colonnes τ_1 et τ_2, qu'il n'y a pas vraiment une bonne concordance entre les valeurs des deux listes. D'après les résultats numériques obtenus, nous remarquons que la distance *tau* de Kendall a bien capturé le désordre entre τ_1 et τ_2. En revanche, ces résultats montrent que le coefficient *rho* de Spearman est resté insensible face à ce désordre, où les écarts (les d_i) étaient négligeables. Pour tirer les bonnes conclusions, nous allons considérer un autre jeu de données illustré à travers le tableau 5.3.

Calculons les valeurs *tau* de Kendall et *rho* de Spearman sur cet exemple.

$$tau(\tau_1,\tau_2) = \frac{45-21}{45+21} = \frac{24}{66} = \mathbf{0.364}$$
$$rho(\tau_1,\tau_2) = 1 - \frac{6\sum_{i=1,...,2}(d_i=121)^2}{12(12^2-1)} = 1 - \frac{1452}{1716} = \mathbf{0.154}$$

Nous observons à partir de ces nouveaux résultats, et les résultats empiriques précédents que le coefficient *rho* de Spearman est très sensible aux grands écarts. Cet écart apparaît une seule fois ($rho(\tau_1,\tau_2) = 0.154$). Par contre, il autorise l'apparition des petits écarts ($rho(\tau_1,\tau_2) = 0.958$, pour les données du tableau 5.2). Par ailleurs, la distance *tau* de Kendall est relativement insensible aux grands écarts ($tau(\tau_1,\tau_2) =$

TABLE 5.3.: Jeu de données pour évaluer les distances *tau* de Kendall et *rho* de Spearman.

		tau de Kendall		*rho* de Spearman	
τ_1	τ_2	$C(\tau_1, \tau_2)$	$D(\tau_1, \tau_2)$	$d(\tau_1, \tau_2)$	$d(\tau_1, \tau_2)^2$
1	**12**	0	11	11	121
2	2	9	1	0	0
3	3	8	1	0	0
4	4	7	1	0	0
5	5	6	1	0	0
6	6	5	1	0	0
7	7	4	1	0	0
8	8	3	1	0	0
9	9	2	1	0	0
10	10	1	1	0	0
11	11	0	1	0	0
12	**1**	–	–	11	121

$$d(\tau_1, \tau_2) = \tau_{1i} - \tau_{2i}, i = 1, ..., |\tau_{1,2}|$$

0.364).

En outre, le coefficient *rho* de Spearman pourra aussi être envisagé dans le cas des données sujettes à de petites erreurs de précision numérique. Dans ce type de situations, ces erreurs vont être comptabilisées par la distance *tau* de Kendall, mais négligées par le coefficient *rho* de Spearman.

Complexité en temps des deux mesures : *tau* de Kendall et *rho* de Spearman

La complexité en temps est un facteur important à considérer dans le choix de la mesure à adopter. Sur un échantillon de taille m, le coefficient *rho* de Spearman a une complexité en temps en $\mathcal{O}(m \log m)$. En revanche, pour la même taille d'échantillon le calcul de la distance *tau* de Kendall a une complexité en temps en $\mathcal{O}(m^2)$ [Xu et al., 2007].

Il est alors judicieux de choisir le coefficient *rho* de Spearman, quand le critère du temps d'exécution devient une priorité.

Que choisir, la distance *tau* de Kendall ou la distance *rho* de Spearman ?

En somme, le choix entre les deux mesures (*tau* de Kendall et *rho* de Spearman) repose sur les considérations suivantes, exprimées sous forme de questions/réponses :

- Est-il important de considérer les petits écarts ou les grands écarts ? la distance *tau* de kendall est adéquate s'il est important de considérer les petits écarts. Sinon, si les grands écarts ne sont pas tolérés alors le coefficient *rho* de Spearman devient un choix direct.
- Les erreurs de précision sont à négliger ? S'il n'est pas important de considérer les petites erreurs de précision, alors le coefficient de Spearman est le bon choix. Sinon, la distance de Kendall est la bonne alternative.
- La complexité en temps est-elle cruciale ? Si le critère "temps" est prioritaire, alors il vaut mieux choisir la mesure *rho* de Spearman. Sinon, le coefficient *tau* de Kendall pourra éventuellement être envisagé.

5.7. Conclusion

Dans ce chapitre nous avons présenté une approche gloutonne pour l'élicitation du paramètre de la méthode d'ordre lexicographique. Nous avons aussi proposé une approche basée sur le coefficient de corrélation *rho* de Spearman. Cette approche est simple et calcule rapidement des solutions robustes (voir le chapitre 7). Néanmoins, cette approche gloutonne ne fournit pas systématiquement la solution optimale (i.e., une permutation optimale entre les critères). Par ailleurs, nous avons défini deux critères d'optimalité mesurant la robustesse de ces solutions approchées, par rapport à la solution exacte. Ces critères permettent au décideur d'avoir une idée claire sur la qualité du paramètre élicité.

Nous avons aussi souligné la possibilité et l'intérêt de combiner l'approche gloutonne basée sur le coefficient *rho* de Spearman, avec nos approches exactes (voir le chapitre 4). Cette technique est prise en charge par la plupart des solveurs PPC/PLNE (e.g., Gecode, CPO et Cplex).

La décision finale entre le choix d'employer des approches exactes ou gloutonnes est laissée au décideur. En effet si ce dernier est à la recherche de méthodes rapides offrant des solutions robustes, alors le choix le plus naturel est sans doute notre deuxième méthode gloutonne basée sur le coefficient *rho* de Spearman. Par contre, si le décideur veut des solutions optimales, alors une méthode exacte PLNE ou PPC sera le meilleur choix.

Nous avons aussi discuté la capacité inférentielle des statistiques descriptives, et les considérations liées au choix de la bonne mesure de désordre entre la distance *tau* de Kendall et le coefficient *rho* de Spearman.

Dans le chapitre suivant, nous aborderons une nouvelle problématique liée à l'opérateur d'agrégation Leximin, en proposant une amélioration de l'approche PPC de calcul des solutions d'équilibre Pareto-optimales.

6. Algorithme Leximin révisé

Dans ce chapitre nous présentons l'amélioration du modèle PPC proposé dans [Bouveret et Lemaître, 2009]. Nous nous attachons à présenter et à discuter l'influence de la technique de cassure de symétrie sur le nombre d'itérations nécessaires pour calculer des solutions Leximin-optimales.

Sommaire

6.1. Introduction

La méthode multicritère **Leximin** [Moulin, 1988; Bouveret et Lemaître, 2007] fait partie des méthodes d'optimisation égalitaristes [Mou-
lin, 2004]. Elle permet ainsi de calculer des solutions d'équilibre (ou
"welfare" en anglais), assurant une allocation équitable entre un ensemble d'agents partageant des ressources communes. Une autre caractéristique importante des solutions **Leximin**, est l'efficacité des solutions optimales (Pareto-optimales) qu'elle fournit. Cette méthode a
été utilisée avec succès sur un certain nombre de problèmes indus-
triels exigeant les propriétés d'équité et d'efficacité (e.g., partage de
ressources satellitaires, planification des infirmières, l'élaboration des
emplois du temps, gestion des mises à jour des paquetages logiciels
[Mancinelli *et al.*, 2006; Trezentos *et al.*, 2010; Michel et Rueher, 2010;
Aribi et Lebbah, 2011], etc.).

Nous proposons dans ce chapitre un nouvel algorithme qui est une
version améliorée de l'algorithme fondé sur la **PPC** proposé par [Bou-
veret et Lemaître, 2009].

6.2. Modèle PPC pour la recherche de solutions Leximin-optimales

Avant d'aborder l'algorithme **Leximin**, nous définissons d'abord la
contrainte globale **Sort** sur laquelle est basé cet algorithme.

Définition 6.1. *(Contrainte globale Sort) Soient x et y deux tableaux
de variables de décision ayant la même taille, et v une instanciation.
L'instanciation v satisfait la contrainte Sort(x, y) si et seulement si
$v(y)$ est la version triée de $v(x)$ par ordre non décroissant.*

Nous expliquons l'algorithme 12 progressivement en le déroulant sur
l'exemple 6.1 suivant :

Algorithm 12: Leximin - modèle PPC original

Entrée: Un réseau de contraintes (X, D, C) ; un vecteur objectif
$(u_1, u_2, ..., u_n) \in X^n$

Sortie: Une solution Leximin-optimale, ou "Inconsistant"

1 **if** *solve(X, D, C)* = *"Inconsistant"* **then**
2   **return** *"Inconsistant"*

3 $X' \leftarrow X \cup \{y_1, ..., y_n\}$
4 $D' \leftarrow D \cup \{D_{y_1}, ..., D_{y_n}\}$ avec $D_{y_i} = [min_j(\underline{u_j}), max_j(\overline{u_j})]$
5 $C' \leftarrow C \cup \{\mathsf{Sort}(u, y)\}$
6 **for** $i \leftarrow 1$ **to** n **do**
7     $\hat{v}_i \leftarrow \mathsf{Maximize}(\langle X', D', C'\rangle, y_i)$ /* Trouver la valeur optimale de y_i */
8     $y_i \leftarrow \hat{v}_i(y_i)$ /* Mise à jour du domaine de y_i */

9 **return** $\hat{v}_n$

Exemple 6.1. *Étant donné un problème multicritère ayant trois critères à maximiser $\langle u_1, u_2, u_3 \rangle$. Les solutions réalisables de ce problème $(s_1, ..., s_6)$ sont données dans le tableau 6.1.*

Du moment que nous avons trois critères, l'algorithme 12 va se dérouler en trois étapes. Chacune de ces étapes permet de calculer une composante du vecteur objectif Leximin-optimal.

TABLE 6.1.: Jeu de données pour la méthode Leximin, (a) les solutions de départ, (b) les solutions après avoir appliqué la contrainte Sort.

	s_1	s_2	s_3	s_4	s_5	s_6			$s_1^{\uparrow}$	$s_2^{\uparrow}$	$s_3^{\uparrow}$	$s_4^{\uparrow}$	$s_5^{\uparrow}$	$s_6^{\uparrow}$
u_1	3	3	5	5	7	7	Sort(u,y)	y_1	1	3	1	3	3	3
u_2	9	8	3	8	3	9	$\rightarrow$	y_2	3	7	3	5	7	7
u_3	1	7	1	3	7	3		y_3	9	8	5	8	7	9
			(a)								(b)			

- **Étape 1**, *La variable y_1 est maximisée, sa valeur maximale $\hat{v}(y_1)$ est égale à 3, i.e., tous les $\hat{v}(u_i)$ valent au moins 3. On fixe y_1 à $\hat{v}(y_1) = 3$, (voir l'algorithme 12, inst. 8). Dès lors, les solutions* *admissibles restantes sont celles données dans le tableau 6.2 (a).*

- **Étape 2**, *La variable y_2 est maximisée, sa valeur maximale $\hat{v}(y_2)$ est égale à 7, i.e., (i) tous les $\hat{v}(u_i)$ valent au moins 3, et (ii) au moins 2 valeurs parmi $\hat{v}(u_i)$ valent au moins $\hat{v}(y_2)$. En fixant y_2 à 7, on retrouve les solutions admissibles données dans le tableau 6.2 (b).*

- **Étape 3**, *La variable y_3 est maximisée, sa valeur maximale $\hat{v}(y_3)$ est égale à 9, i.e., (i) tous les $\hat{v}(u_i)$ valent au moins 3, (ii) au moins 2 valeurs parmi $\hat{v}(u_i)$ valent au moins 7, et (iii) au moins 1 valeur parmi $\hat{v}(u_i)$ vaut au moins 9. La solution Leximin-optimale est celle donnée dans le tableau 6.2 (c).*

TABLE 6.2.: Déroulement de l'algorithme Leximin.

	s_2	s_4	s_5	s_6			s_2	s_5	s_6			s_6
Étape1 $\rightarrow$	u_1 **3**	5	7	7	Étape2 $\rightarrow$	u_1	3	**7**	**7**	Étape3 $\rightarrow$	u_1	7
	u_2 8	8	**3**	9		u_2	8	3	9		u_2	**9**
	u_3 7	**3**	7	**3**		u_3	**7**	**7**	3		u_3	3
	(a)					(b)					(c)	

6.3. Algorithme Leximin++

Nous proposons dans cette section un nouvel algorithme Leximin++ améliorant la version de base de l'algorithme Leximin proposé par [Bouveret et Lemaître, 2009]. Ce nouvel algorithme permet de calculer la solution Leximin-optimale avec un minimum d'itérations. Nous commencerons tout d'abord par introduire un exemple illustrant l'amélioration que nous avons apportée à l'algorithme Leximin.

Proposition 6.1. *Si à l'étape $i < n$ de l'algorithme Leximin 12, il n'existe qu'une seule solution admissible ayant la valeur maximale*

$\hat{v}(y_i)$, *alors cette solution est la solution **Leximin**-optimale du problème multicritère.*

Démonstration. En fixant la valeur de la variable y_i à $\hat{v}(y_i)$ toutes les solutions admissibles à l'étape $i-1$ seront implicitement éliminées, sauf une seule solution qui est trivialement la solution **Leximin**-optimale.

$\square$

Exemple 6.2. *Nous reprenons l'exemple 6.1, et nous changeons la deuxième solution admissible $\langle 3, 8, 7 \rangle$ par la solution $\langle 9, 8, 7 \rangle$. En appliquant l'algorithme 12, nous pouvons constater que la solution **Leximin**-optimale s_2 émerge dés la première étape de l'algorithme. Cependant, cet algorithme procédera inutilement aux $n-1$ appels au solveur, pour ne retourner que la solution s_2.*

*L'algorithme 13 que nous proposons, permet de vérifier à chaque étape si la solution admissible est unique. Ainsi, sur cet exemple, notre algorithme terminera la recherche de la solution **Leximin**-optimale à la fin de la première itération, après avoir vérifié que la solution admissible s_2 est unique.*

TABLE 6.3.: Déroulement de l'algorithme Leximin++, et calcul de la solution Leximin-optimale en une seule itération, au lieu de trois itérations avec l'algorithme Leximin.

	s_1	s_2	s_3	s_4	s_5	s_6			$s_1^\uparrow$	$s_2^\uparrow$	$s_3^\uparrow$	$s_4^\uparrow$	$s_5^\uparrow$	$s_6^\uparrow$			s_2
u_1	3	9	5	5	7	7	$\xrightarrow{\text{Sort}(u,y)}$	y_1	1	**7**	1	3	3	3	$\xrightarrow{\text{Étape1}}$	u_1	9
u_2	9	8	3	8	3	9		y_2	3	8	3	5	7	7		u_2	8
u_3	1	7	1	3	7	3		y_3	9	9	5	8	7	9		u_3	**7**

La description de l'algorithme 13 est donnée comme suit :

- Nous supposons que le réseau initial de contraintes $\langle X, D, C \rangle$ est solvable. Sinon, le message "*Inconsistant*" sera retourné.

Algorithm 13: Leximin++ - Optimisation du nombre d'itérations nécessaires

---

Entrée: Réseau de contraintes (X, D, C) ; vecteur des critères
$\quad\quad (u_1, u_2, ..., u_n) \in X^n$

Sortie: Une solution Leximin optimale, ou "Inconsistant"

1 **if** *solve(X, D, C)* = *"Inconsistant"* **then**

2 $\quad$ **return** *"Inconsistant"*

3 $X' \leftarrow X \cup \{y_1, ..., y_n\}$

4 $D' \leftarrow D \cup \{D_{y_1}, ..., D_{y_n}\}$ with $D_{y_i} = [min_j(\underline{u_j}), max_j(\overline{u_j})]$

5 $C' \leftarrow C \cup \{\mathsf{Sort}(u, y)\}$

6 **for** $i \leftarrow 1$ **to** n **do**

7 $\quad$ $\hat{v}_i \leftarrow \mathsf{Maximize}(\langle X', D', C'\rangle, y_i)$

8 $\quad$ **if** $i \neq n$ *& Singleton($\hat{v}_i$)* **then**

9 $\quad\quad$ **return** $\hat{v}_i$ $\quad$ /* La solution Leximin-optimale est unique */

10 $\quad$ $y_i \leftarrow \hat{v}_i(y_i)$

11 **return** $\hat{v}_n$

- L'instruction 5 ajoute la contrainte globale **Sort** au réseau des contraintes initiales.

  Cette contrainte globale permet de trier le vecteur des variables objectif $(u_1, u_2, ..., u_n)$ par ordre croissant. La version triée de ce vecteur est donnée par le vecteur des variables de décision $(y_1, ..., y_n)$.

- A chaque itération de la boucle $6 - 10$[1], nous lançons une résolution du réseau de contraintes courant (instruction 7). Ici, la fonction objectif maximise la valeur de la variable y_i, qui représente la i^e composante du vecteur **Leximin**-optimal.

- Ensuite, nous vérifions si la solution courante $\hat{v}_i$[2], est unique (instruction 8).

  - Si la solution courante est un *singleton*, alors ceci signifie que la solution **Leximin**-optimale est atteinte. Dans ce cas, l'algo-

---

1. Cette boucle stipule l'ordre lexicographique.
2. Plus précisément, nous vérifions si la projection de $\hat{v}_i$ dans l'espace des critères est unique.

rithme 13 s'arrête et retourne l'instanciation complète cohérente $\hat{v}_i$ (instruction 9).

- Sinon, nous posons une nouvelle contrainte pour fixer la valeur de la variable y_i (instruction 10). Cette contrainte permet de filtrer du domaine des variables $\langle y_{i+1}, ..., y_n \rangle$ toutes les valeurs strictement inférieures à $\hat{v}_i(y_i)$. Autrement dit, cette contrainte permet de garder uniquement les vecteurs objectif ayant au moins $n - i + 1$ composantes égales à $\hat{v}_i(y_i)$, ce qui va éventuellement éliminer certaines solutions de l'espace des critères.

- A la dernière itération, il est inutile de vérifier l'unicité de la solution. Il suffit donc de retourner la dernière solution calculée $\hat{v}_n$ (instruction 11).

Décomposition de la contrainte globale Sort   Dans l'algorithme que nous proposons, nous procédons à une décomposition de la contrainte globale Sort. Cette décomposition servira à récupérer les indices des éléments de la solution (vecteur objectif) triée. Ces indices seront utilisées par la suite pour poster des contraintes d'élimination de la symétrie.

$$\text{Sort}(x, y) \Leftrightarrow \begin{cases} y_i \leq y_{i+1} & \text{for } i = 1, .., n - 1 \\ \text{Element}(x, z_i) = y_i & \text{for } i = 1, .., n \\ \text{All-different}(z) \\ z_i \in \{1, ..., n\} & \text{for } i \in \{1, .., n\} \end{cases} \tag{6.1}$$

L'algorithme Singleton 14 permet d'ajouter au réseau de contraintes, calculant la solution Leximin-optimale, des contraintes vérifiant l'unicité de la solution courante fournie en paramètre. L'idée de cet algorithme est simple. Elle consiste à créer une contrainte niant la solution (vecteur objectif) fournie en entrée $\hat{v}(u)$. Ensuite, nous réifions cette contrainte en utilisant une variable binaire b (instruction 4).

Après une phase de résolution (maximisant la valeur de b), nous vérifions :

- Si la valeur de b est égale à 0, alors ceci signifie que la solution $\hat{v}(u)$ est nécessairement unique.

- Sinon, il existe au moins une autre solution u' telle que $\hat{v}(u'_i) = \hat{v}(u_i), i = 1..n$, où $n = |u|$.

En somme, l'algorithme 14 retourne 1 si la solution est un singleton (i.e., $1 - (\hat{v}'(b) = 0)$). Dans le cas inverse, la valeur 0 sera retournée. Nous notons que la variable z introduite dans l'instruction 5, représente les indices des éléments du vecteur u par rapport à sa version triée y (voir la décomposition de la contrainte globale Sort 6.1).

Algorithm 14: Singleton($\hat{v}$)

Entrée: Un réseau de contraintes (X, D, C) ; Un vecteur objectif $(u_1, u_2, ..., u_n) \in X^n$

Sortie: 1 si la solution $\hat{v}$ est un Singleton, 0 sinon

1 $X' \leftarrow X \cup \{b\}$

2 $D' \leftarrow D \cup \{D_b\}$ avec $D_b = \{0, 1\}$

3 $c \leftarrow \bigwedge_{i=1..n} u_i = \hat{v}(u_i)$

4 $C' \leftarrow C \cup \{\neg c \Leftrightarrow b\}$ /* Nier la contrainte sur la solution $\hat{v}$ */

5 $C' \leftarrow C' \cup \{\mathsf{ValLexSymBreak}(z, \hat{v})\}$ /* Casser la symétrie */

6 $\hat{v}' \leftarrow \mathsf{Maximize}(\langle X', D', C' \rangle, b)$

7 **return** $1 - \hat{v}'(b)$

L'algorithme 15 poste la contrainte suivante :

$$\langle z_1, ..., z_n \rangle <_{lex} \langle \sigma(\hat{v}(z_1)), ..., \sigma(\hat{v}(z_n)) \rangle.$$

6.4. Elimination des solutions symétriques

L'élimination de la symétrie joue un rôle important dans la résolution des problèmes de satisfaction et d'optimisation. Dans le contexte

6. Algorithme Leximin révisé

Algorithm 15: ValLexSymBreak$(z, \hat{v})$

Entrée: Réseau de contraintes (X, D, C) ; Instanciation complète
et cohérente $\hat{v}$; z vecteur d'entiers où $D_z = \{1, ..., n\}$
Sortie: Etendre le réseau de contraintes (X, D, C) avec les
contraintes de cassure de symétrie

1 $X' \leftarrow X \cup \{z'_1, ..., z'_n\}$
2 $D' \leftarrow D \cup \{D_{z'_1}, ..., D_{z'_n}\}$ with $D_{z'_i} = \{1, ..., n\}$
3 $C' \leftarrow C \cup \{\text{Element}(z, z'_i) = \hat{v}(z_i)\}_{i=1}^n \cup \{\text{All-different}(z')\} \cup \{z <_{lex} z'\}$
4 **return** $\langle X', D', C' \rangle$

---

de l'optimisation multicritère, nous montrons que l'élimination des solutions symétriques permet d'accélérer la recherche des solutions Leximin-optimales.

Il existe deux méthodes pour casser la symétrie, (i) méthode statique [Puget, 1993], qui consiste à ajouter des contraintes pour éliminer les solutions symétriques ; (ii) méthode dynamique, fondée sur la modification de la procédure de recherche pour éviter d'explorer des branches symétriques de l'arbre de recherche [Roney-Dougal *et al.*, 2004]. Dans le cadre de cette thèse, nous nous intéressons à l'élimination des solutions symétriques de manière statique.

Une symétrie par rapport aux valeurs est une permutation de valeurs qui préserve les solutions du problème :

Définition 6.2. *(Symétrie de valeurs [Walsh, 2007]) La permutation des valeurs des variables ne change pas la solution du problème. Formellement :*

$$\{x_i = v_i\}_{i=1..n} \in sol(P) \Leftrightarrow \{x_i = \sigma(v_i)\}_{i=1..n} \in sol(P) \qquad (6.2)$$

où σ est une permutation de valeurs.

La définition 6.3 précise la propriété de symétrie au sens Leximin.

Définition 6.3. *(Solutions Leximin indifférentes) Deux alternatives a et b sont indifférentes (a $\sim_{leximin}$ b) si les vecteurs ordonnés sont* *identiques.*

La méthode ValLexSymBreak permet d'étendre le réseau de contraintes courant, avec un ensemble de contraintes lexicographiques d'élimination de toutes les solutions symétriques par rapport à la solution optimale trouvée à l'étape i. Ces contraintes sont définies comme suit :

Définition 6.4. *(Contrainte Lexicographique) Soient un vecteur de variables $\langle x_1, ..., x_n \rangle$ et un vecteur de valeurs $\langle v_1, ..., v_n \rangle$, où $v_i \in D_{x_i}$ pour tout $i \in 1..n$. La contrainte lexicographique de cassure de symétrie est définie par*

$$\langle x_1, ..., x_n \rangle <_{lex} \langle \sigma(v_1), ..., \sigma(v_n) \rangle. \tag{6.3}$$

où σ est une permutation de valeurs. Elle peut être modélisée avec les contraintes globales Element et All-different.

Au niveau des problèmes d'optimisation, il faut s'assurer que les contraintes d'élimination de symétries préservent la valeur de la fonction objectif à l'optimum.

Nous reprenons l'exemple (6.3) auquel nous ajoutons une solution $s_7 = \langle 8, 7, 9 \rangle$, symétrique à $s_2 = \langle 9, 8, 7 \rangle$ (voir le tableau 6.4).

TABLE 6.4.: Jeu de données pour la méthode Leximin++, (a) les solutions de départ, (b) les solutions après avoir appliqué la contrainte Sort.

	s_1	s_2	s_3	s_4	s_5	s_6	s_7			$s_1^\uparrow$	$s_2^\uparrow$	$s_3^\uparrow$	$s_4^\uparrow$	$s_5^\uparrow$	$s_6^\uparrow$	$s_7^\uparrow$
u_1	3	9	5	5	7	7	8	Sort(u,y)	y_1	1	**7**	1	3	3	3	**7**
u_2	9	8	3	8	3	9	7	$\rightarrow$	y_2	3	8	3	5	7	7	8
u_3	1	7	1	3	7	3	9		y_3	9	9	5	8	7	9	9
	(a)									(b)						

Sans cassure de symétrie   Nous obtenons la solution Leximin-optimale après la dernière itération (voir le tableau 6.5). Ainsi, en présence des solutions symétriques, notre algorithme sans mécanisme d'élimination de symétrie se comportera comme la version de base de Leximin.

TABLE 6.5.: Déroulement de l'algorithme Leximin++ en présence des solutions symétriques.

	s_2	s_7			s_2	s_7			s_2	s_7
$\xrightarrow{\text{Étape1}}$ u_1	9	8	$\xrightarrow{\text{Étape2}}$ u_1	9	**8**	$\xrightarrow{\text{Étape3}}$ u_1	**9**	8
u_2	8	**7**	u_2	8	7	u_2	8	7
u_3	**7**	9	u_3	7	9	u_3	7	**9**

Avec la cassure de symétrie   Nous obtenons la solution Leximin-optimale en une seule itération (voir le tableau 6.6).

TABLE 6.6.: Déroulement de l'algorithme Leximin++ avec élimination de la symétrie.

	s_2
$\xrightarrow{\text{Étape1}}$ u_1	9
u_2	8
u_3	7

6.5. Conclusion

Nous avons introduit dans ce chapitre un nouvel algorithme (Leximin++) améliorant l'algorithme de base Leximin. Cet algorithme est proposé dans le cadre de la programmation par contraintes. Il permet de calculer des solutions garantissant des propriétés d'équité et d'efficacité sur les problèmes de décision collective, notamment les problèmes de partage et d'allocation de ressources entre plusieurs individus ou agents.

L'objectif principal de ce nouvel algorithme est de calculer des solutions Leximin-optimales, avec un minimum d'itérations. Nous avons aussi mis l'accent sur l'intérêt apporté par les techniques de cassure de symétrie sur les performances de l'algorithme Leximin++.

Le chapitre suivant est consacré à l'étude expérimentale des différentes approches d'élicitation proposées dans le cadre de cette thèse (approches exactes et une approche gloutonne). Une section sera aussi dédiée à une évaluation empirique de l'algorithme Leximin++.

Cette page est laissée blanche intentionnellement

7. Etude expérimentale

C E chapitre se propose d'évaluer expérimentalement les différentes approches proposées dans le cadre de l'élicitation des paramètres des méthodes multicritères, et l'algorithme Leximin++. Nous distinguons deux grandes parties. Dans la première partie, nous exposerons notre protocole expérimental. Ensuite, nous détaillerons et nous discuterons les résultats de nos expérimentations, et nous soulignerons aussi l'efficacité de chacune de ces approches suivant des critères d'optimalité prédéfinis.

Sommaire

7.1. Introduction

Dans cette section, nous présentons une étude expérimentale pour analyser les techniques d'élicitation proposées et l'algorithme Leximin++. Nous commençons par décrire la base de benchmarking TripAdvisor qui va nous servir pour entreprendre toutes nos expérimentations. Puis, nous évaluons expérimentalement les différentes approches d'élicitation de la méthode lexicographique. Une première expérimentation concerne le coefficient statistique *rho* de Spearman qui consiste à l'utiliser comme une méthode heuristique. Une deuxième expérimentation concerne les différents modèles de l'approche exacte. Une troisième expérimentation concerne une approche qui consiste à intégrer le coefficient statistique *rho* de Spearman dans les deux méthodes exactes (PPC et PLNE). En effet, l'obtention d'une bonne solution réalisable très tôt, peut améliorer considérablement les performances de résolution des solveurs exacts. Puis, nous présentons une étude expérimentale de l'élicitation de la somme pondérée. Enfin, nous expérimentons l'algorithme Leximin++ en montrant le gain obtenu en nombre d'itérations et en temps d'exécution par rapport à l'algorithme standard PPC.

7.2. Dispositif expérimental

7.2.1. Description de la base de benchmarking

Nous avons évalué expérimentalement nos approches d'élicitation pour la méthode d'ordre lexicographique et les opérateurs OWA, en utilisant une application issue du monde réel. Il s'agit du plus gros site de voyage sur le Web. Cette application offre des conseils provenant de vrais consommateurs sur tous les types d'établissements touristiques (e.g., hôtel, restaurant, location de vacances, etc.). Elle propose une grande variété de choix de voyages et diverses fonctionnalités d'aide à

7. Etude expérimentale

la planification (voir http://www.tripadvisor.com).

Un aperçu de cette application est présenté sur la figure 7.1. Sur cette figure nous distinguons les informations suivantes :

1. l'entité *hôtel* évaluée sur 8 critères. Cette entité est décrite suivant le format ci-dessous :

   "Nom du critère : [liste d'aspects sur lesquels porte l'évaluation] (quelques valeurs possibles), suivi d'un éventuel exemple d'avis donné par un utilisateur.",

   a) *Lieu :* [emplacement, trafic, restaurant, bus, plage, site web, route]

   b) *Propreté :* [propre/sale, maintenu, odeur, humidité] Exemple : Excellent emplacement à coté de la place Tiananmen et des rues commerçantes. C'est le principal avantage de cet hôtel !

   c) *Chambre :* [chambre, suite, vue, lit] (confortable, spacieuse, sale, odeur, ok). Exemple : Les chambres ont un décor assez vieux. La salle de bains était très sale. Exemple : Il y a beaucoup de fissures ; je ne pense pas que cela vaut le prix.

   d) *Valeur (Qualité-prix) :* [valeur, qualité] (mauvais, excellent, terrible, ...).

   e) *Service :* [service, nourriture, petit déjeuner, buffet]. Exemple : Le service était la partie la plus décevante, surtout les réceptionnistes.

   f) *Enregistrement/Réception :* [réservation, vérification, bagages, orientation].

   g) *Services aux entreprises :* [commerce, centre, ordinateur, internet].

   h) *Prix* de l'hôtel. Exemple : Le prix est abordable.

2. les avis des utilisateurs (*Reviews*) : chaque avis est saisi dans une zone de texte ;

3. une évaluation globale (*Overal Rating*) associée à chaque hôtel (allant de 1 étoile à 5 étoiles).

Les données ont été construites et publiées par Hongning Wang [Wang *et al.*, 2010], en utilisant les techniques d'extraction des informations à partir des avis (cf., [Ding *et al.*, 2009 ; Morinaga *et al.*, 2002 ; Popescu et Etzioni, 2005]), permettant de fournir une évaluation numérique sur une échelle de 1 à 5. Ces données couvrent 675 069 avis sur 1 851 hôtels à travers le monde. Les données sont disponibles à l'adresse : http://times.cs.uiuc.edu/~wang296/Data/. Désormais, cette base est aussi disponible sur le site PrefLib[1].

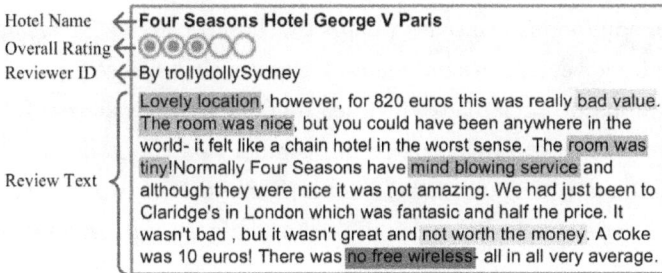

Hotel Name →	**Four Seasons Hotel George V Paris**
Overall Rating →	◉◉◉◯◯
Reviewer ID →	By trollydollySydney
Review Text →	Lovely location, however, for 820 euros this was really bad value. The room was nice, but you could have been anywhere in the world- it felt like a chain hotel in the worst sense. The room was tiny! Normally Four Seasons have mind blowing service and although they were nice it was not amazing. We had just been to Claridge's in London which was fantasic and half the price. It wasn't bad , but it wasn't great and not worth the money. A coke was 10 euros! There was no free wireless- all in all very average.

FIGURE 7.1.: Un exemple d'un avis sur un hôtel.

Nous nous sommes intéressés aux hôtels des villes/régions suivantes : (1) London-England, (2) Fajardo-Puerto-Rico, (3) Paris-Ile-de-France, (4) Chuo-Tokyo-Prefecture-Kanto, (5) Denpasar-Bali, (6) Isla-de-Vieques-Puerto-Rico, (7) Venice-Veneto, (8) Madrid, (9) Anasco-Puerto-Rico, (10) Dorado-Puerto-Rico, (11) Shibuya-Tokyo-Prefecture-Kanto, (12) Nusa-Dua-Peninsula-Bali, (13) Boston-Massachusetts, (14) Honolulu-Oahu-Hawaii, (15) Jimbaran-Nusa-Dua-Peninsula-Bali, (16) Guanica-Puerto-Rico, (17) New-York-City, (18) Rio-Grande-Puerto-Rico, (19) El-Yunque-National-Forest-Puerto-Rico. Nous avons regroupé les hôtels suivant des emplacements différents à travers le monde, en produi-

---

1. http://www.preflib.org/combinatorial/trip.php

sant 19 regroupements de 4 villes venant de régions différentes : (#1)
1-à-4, (#2) 2-à-5, (#3) 3-à-6 , (#4) 4-à-7, (#5) 5-à-8 , (#6) 6-à-9,
(#7) 7-à-10, (#8) 8-à-11, (#9) 9-à-12, (#10) 10-à-13, (#11) 11-à-14,
(#12) 12-à-15, (#13) 13-à-16, (#14) 14-à-17, (#15) 15-à-18, (#16)
16-à-18, (#17) 16-à-19, (#18) 17-à-18, (#19) 17-à-19, (#20) 18-à-19.

Parmi ces regroupements, on peut citer par exemple "Paris, Tokyo,
Bali, Isla-de-Vieques". L'objectif étant d'évaluer la capacité des méthodes par agrégation pour raisonner sur des alternatives de natures
différentes. Ces regroupements nous ont aussi permis d'obtenir des
instances de tailles significatives.

Dans notre contexte d'élicitation pour la méthode d'ordre lexicographique, nous avons utilisé les valeurs du champ *Overall Rating* afin de
construire le vecteur des outcomes. Ce vecteur est utilisé pour générer
les relations de préférence entre les différentes alternatives. Le défi
consiste à trouver le paramètre qui permet aux méthodes par agrégation de restituer (au mieux) ces préférences. Nous utiliserons aussi
cette base de benchmarking pour évaluer l'algorithme Leximin++.

7.2.2. Outils logiciels et matériels

Nous avons réalisé nos expérimentations en utilisant les outils suivants :

- La librairie ILOG Concert C++ d'IBM qui sert à la modélisation
  des programmes à contraintes, et fait office d'interface avec les
  solveurs CP Optimizer (CPO) et Cplex version 12.4[2]. Ces deux
  solveurs sont utilisés pour résoudre nos modèles PPC et PLNE
  respectivement ;
- Java™ (version 7), pour expérimenter l'approche gloutonne basée sur le coefficient *rho* de Spearman.

Comme configuration matérielle nous avons exploité une machine
Linux x86_64 équipée de deux processeurs Intel E5 8 Cœurs @2.4

---

2. http://www-142.ibm.com/software/products/fr/fr/ibmilogcplecpopti/

Ghz et de 48 Go de mémoire.

7.3. Elicitation pour la méthode d'ordre lexicographique

Dans cette section nous présentons et nous discutons les résultats expérimentaux de nos approches d'élicitation pour la méthode d'ordre lexicographique. Nous rappelons d'abord que nous avons utilisé la mesure de désordre (voir l'équation (5.3)) entre l'ordre idéal des alternatives donné suivant les valeurs des outcomes, et l'ordre donné par la méthode lexicographique (une fois que le paramètre a été élicité). Cette mesure a un double intérêt. D'une part, elle permet au décideur d'avoir une idée claire sur la qualité des paramètres optimaux fournis par les approches exactes. D'autre part, elle sert à mesurer la qualité des solutions approchées de l'approche gloutonne.

7.3.1. Approche gloutonne

L'algorithme glouton proposé dans la section 5.3 a été testé sur les instances de la base **TripAdvisor**. Les résultats de cette approche d'élicitation sont représentés dans la figure 7.2. Cette figure affiche pour chaque instance, deux histogrammes comparant la qualité de la solution gloutonne (histogramme rouge), avec la qualité de la solution optimale calculée avec une approche exacte (histogramme bleu). Cette évaluation est basée sur la mesure de désordre introduite dans la section 5.2. Ainsi, une valeur proche de 1 est synonyme d'une solution de bonne qualité.

Cette comparaison montre clairement que l'approche gloutonne a capturé la solution optimale pour les instances $\#4, 6, 8, 12, 14$ et $\#16-18$. Pour les autres instances, il est facile de voir que les solutions heuristiques sont très proches des solutions exactes (e.g., instances

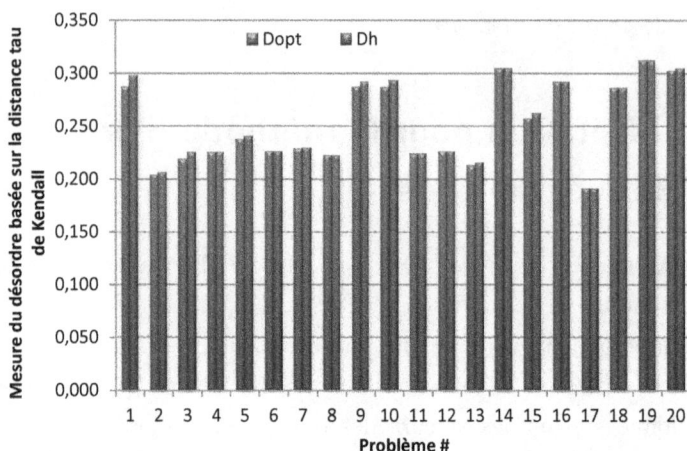

FIGURE 7.2.: Résultats de l'approche gloutonne. Dh désigne qualité du paramètre calculé par la méthode gloutonne. Dopt désigne la qualité du paramètre calculé par la méthode exacte.

#2, 5, 7, 11, 19 et #20). Ceci sous entend que l'ordre lexicographique induit sur l'ensemble des alternatives présente un faible désordre par rapport à l'ordre idéal donné suivant les valeurs des outcomes (voir aussi le tableau 7.1, colonne H).

7.3.2. Approche PPC

Nous avons évalué expérimentalement l'approche exacte d'élicitation basée sur la Programmation par Contraintes. Le tableau 7.1 résume nos résultats empiriques menés sur un ensemble de 20 instances issues de la base TripAdvisor. Sur ce tableau, les colonnes Pb#, Alt et Pref indiquent respectivement le numéro de l'instance, le nombre d'alternatives, et le nombre de préférences générées pour chaque instance. Nous distinguons en suite deux colonnes principales (PPC et H) :

1. La colonne PPC est réservée à l'approche PPC. Au niveau de

cette approche, nous donnons les informations suivantes :

- C : le nombre de contraintes du modèle PPC ;
- M : la consommation en terme d'espace mémoire (en Mo) ;
- T_{ppc}, T_{ppc+H} : ces deux colonnes reportent respectivement, le temps de résolution (en secondes) de l'approche PPC, et de l'approche hybride (PPC + gloutonne). Le temps de résolution maximal du solveur CP optimizer est fixé à $3,600\,sec$ sur toutes les instances ;
- D_{ppc} : le degré du désordre optimal calculé à partir de la solution fournie par l'approche PPC.

2. La colonne H est réservée aux résultats de l'approche gloutonne basée sur le coefficient rho de Spearman, où D_H désigne le degré du désordre calculé à partir de la solution fournie par la méthode gloutonne. Les valeurs en gras représentent des solutions optimales capturées de manière heuristique (voir aussi la colonne D_{ppc}).

Cette méthode est instantanée. En revanche, elle ne prouve pas l'optimalité des solutions. Par conséquent, ses résultats ne sont pas directement comparables avec ceux des méthodes exactes. Dans ce cas, nous avons décidé de fournir le degré d'optimalité au lieu du temps de calcul.

7.3.3. Approches PLNE

Nous décrivons dans cette section les résultats de notre deuxième approche exacte d'élicitation. Cette approche est fondée sur la Programmation Linéaire en Nombres Entiers (PLNE), et comporte principalement deux modèles PLNE implémentés et testés sur les instances de la base TripAdvisor.

Nous rappelons que le premier modèle est basé sur une reformulation directe du modèle PPC en contraintes linéaires (voir la section

TABLE 7.1.: Résultats empiriques de l'approche PPC et de l'approche gloutonne. Le nombre de critères étant fixé à 8. T : Temps (sec) ; C : nombre de Contraintes ; M : Mémoire (Mo) ; D : Désordre.

			PPC					H	
Pb#	Alt	Pref	C	M	T_{ppc}	T_{ppc+H}	D_{ppc}	D_H	MSDC
1	121	4989	144682	201,00	111,47	49,92	0,287	0,298	3
2	135	5830	169071	240,80	33,97	34,83	0,204	0,206	4
3	149	7897	229014	335,40	41,63	22,2	0,218	0,225	3
4	152	6980	202421	304,60	305,49	267,19	0,225	**0,225**	5
5	160	9499	275472	399,80	146,47	66,43	0,238	0,240	4
6	160	9467	274544	396,10	298,97	121,77	0,226	**0,226**	4
7	167	10300	298701	431,00	554,29	440,74	0,228	0,229	6
8	170	10625	308126	445,10	180,69	93,35	0,222	**0,222**	4
9	176	11287	327324	469,10	72,72	80,4	0,287	0,292	4
10	182	11292	327469	480,40	444,26	114,17	0,286	0,293	5
11	188	10437	302674	442,20	156,66	9,77	0,223	0,224	3
12	191	12561	364270	541,50	259,55	14,97	0,226	**0,226**	3
13	211	16543	479748	675,40	1403,76	939,05	0,212	0,215	6
14	234	13545	392806	593,30	80,31	91,78	0,304	**0,304**	4
15	246	21423	621268	900,10	769,12	250,62	0,257	0,262	5
16	283	22515	652936	939,00	272,60	203,95	0,292	**0,292**	4
17	300	27385	794166	1228,80	128,10	28,37	0,191	**0,191**	3
18	324	25668	744373	1126,40	623,12	290,86	0,286	**0,286**	5
19	355	33543	972748	1433,60	955,28	379,47	0,311	0,312	4
20	400	48933	1419058	2150,4	1175,07	798,35	0,302	0,304	4

4.2.2). Par contre, le troisième modèle PLNE est plus compact que le précédent en terme de nombre de contraintes (voir la section 4.2.4). En particulier, ce modèle est fondé sur une reformutation de la méthode d'ordre lexicographique par la méthode de la somme pondérée. Les résultats numériques sont présentés dans le tableau 7.2. Les colonnes Pb#, Alt et Pref indiquent respectivement le numéro de l'instance, le nombre d'alternatives, et le nombre de préférences générées pour chaque instance. Ensuite, pour chaque modèle nous affichons : le nombre de contraintes linéaires (colonne lin), le nombre de variables (colonne col), et le nombre de variables binaires (colonne bin). La colonne **PLNE1** est associée au premier modèle de la section 4.2.2. Elle reporte le temps de résolution (en secondes) du solveur **Cplex**. Nous notons ici que l'acronyme **TO** figurant sur cette colonne, signifie que **Cplex** n'a pas trouvé une solution dans le délai imparti (fixé à 1 heure sur toutes les instances).

Les colonnes qui restent sont liées au troisième modèle de la section 4.2.4, fondé sur la méthode de la somme pondérée (voir la colonne **PLNE2 (fondé...)**). Nous avons expérimenté deux variantes de ce troisième modèle linéaire :

1. Une variante avec les paramètres **Cplex** par défaut (colonne **PLNE2 (def. param)**). Ici nous distinguons deux autres colonnes : (i) le temps de résolution (**T**) ; et (ii) une valeur d'écart (colonne **Gap**). Cette valeur est affichée dans le cas où **Cplex** n'arrive pas à prouver l'optimalité dans le temps imparti (i.e., **T** = **TO**). Nous affichons, alors, l'écart entre la solution optimale (fournie par l'approche **PPC**) et la meilleure solution trouvée par **Cplex**.

2. Une autre variante est proposée avec un réglage plus fin des paramètres de **Cplex** (colonne **PLNE2 (cust. param)**). Ainsi, nous étudions le comportement de **Cplex** en fonction des paramètres optimisés, qui sont les mêmes pour toutes les instances. Nous aurons l'occasion de revenir sur ce point particulier dans la section 7.3.7 en explicitant les paramètres utilisés dans le modèle **PLNE2** optimisé et le modèle **PPC**. Les quatre colonnes associées à cette variante illustrent respectivement les informations suivantes : la consommation mémoire en Mo (colonne **M**) ; le temps de résolution en secondes (colonne T_{plne}) ; et enfin le degré du désordre optimal obtenu avec la solution fournie par **Cplex**. Comme pour l'approche **PPC**, cette approche **PLNE** a été testée seule, puis en combinaison avec la méthode gloutonne (colonne T_{plne+H}).

La figure 7.3 illustre les performances de résolution des trois modèles **PLNE** proposés. A travers cette figure, il est facile de voir que le

TABLE 7.2.: Résultats empiriques des approches PLNE, où le nombre de critères a été fixé à 8. T : Temps (sec) ; M : Mémoire (Mo) ; D : Désordre.

| | | | | | | | PLNE2 (fondé sur la somme pondérée) | | | | | |
| | | | PLNE1 | | | | PLNE2 (def. param) | | PLNE2 (cust. param) | | | |
Pb#	Alt	Pref	lin	col	bin	T	T	Gap	M	T_{plne}	T_{plne+H}	D_{plne}
1	121	4989	2639	2658	2650	2070,88	292,31	—	9,8	26,2	22,16	0,287
2	135	5830	3275	3233	3225	356	7,89	—	0,02	2,6	2,48	0,204
3	149	7897	3928	3852	3844	2314,2	2072,43	—	0,02	10,81	9,91	0,218
4	152	6980	4122	4067	4059	1676,83	36,99	—	13,65	7,23	7,04	0,225
5	160	9499	4449	4343	4335	1745,8	202,89	—	0,02	26,27	18,1	0,238
6	160	9467	5997	5877	5869	658,23	61,13	—	0,09	19,97	6,87	0,226
7	167	10300	6032	5959	5951	2190,34	611,4	—	24,71	32,3	16,89	0,228
8	170	10625	7096	7006	6998	TO	TO	0,0002	0,02	17,75	14,45	0,222
9	176	11287	6151	6072	6064	TO	86,05	—	0,02	15	13,86	0,287
10	182	11292	7337	7100	7092	TO	118,59	—	0,02	23,09	11,09	0,286
11	188	10437	7991	7805	7797	TO	908,54	—	121,57	88,42	67,75	0,223
12	191	12561	8155	7964	7956	TO	591,68	—	0,19	20,51	10,75	0,226
13	211	16543	9913	9757	9749	TO	165,49	—	0,02	69,7	28,36	0,212
14	234	13545	5856	5696	5688	TO	TO	0,0022	309,81	15,03	9,78	0,304
15	246	21423	12910	12574	12566	TO	496,81	—	0,02	30,62	17,4	0,257
16	283	22515	14084	13662	13654	TO	TO	0,0003	0,96	65,91	63,14	0,292
17	300	27385	17999	17638	17630	TO	836,52	—	0,08	57,11	33,48	0,191
18	324	25668	12948	12824	12816	TO	1589,79	—	127,08	33,71	25,31	0,286
19	355	33543	18974	18525	18517	TO	805,84	—	11,55	107,77	72,91	0,311
20	400	48933	26511	25960	25952	TO	1200,88	—	15,84	271,21	134,06	0,302

TO : timeout ($\geq$ 3600 sec)

premier modèle (PLNE1) basé sur une reformulation linéaire du modèle PPC, est quasiment impraticable. En effet, le temps de résolution est très significatif, et à partir de la huitième instance (nombre d'alternatives $\geq$ 170), nous avons que des *timeout*. Pour expliquer ce fait, nous pouvons avancer ceci : la linéarisation de la contrainte LexLe, et en particulier la contrainte globale Element qui en dérive, génère beaucoup de contraintes linéaires. En outre, la contrainte LexLe modélisant les relations de préférence est omni-présente dans notre modèle d'élicitation, ce qui va intensifier l'appel à la contrainte Element.

Si nous retournons à la figure 7.3, nous remarquons que par rapport au premier modèle (PLNE1), les performances se sont nettement améliorées en considérant le modèle PLNE2 (def. param) fondé sur la

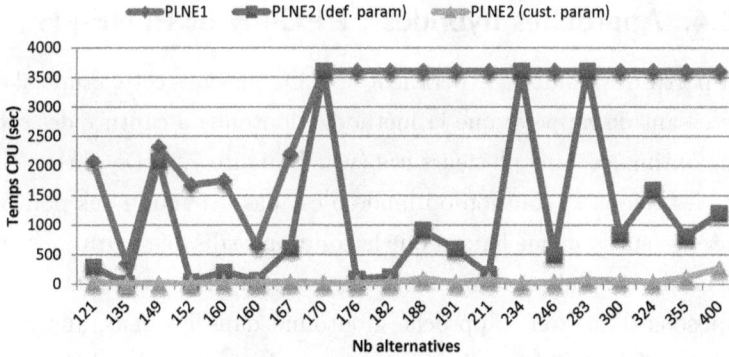

FIGURE 7.3.: Comparaison entre les trois modèles **PLNE** d'élicitation pour la méthode d'ordre lexicographique.

reformulation par la méthode de la somme pondérée. Effectivement, sur les 20 instances, le modèle **PLNE2** présente un "pic" de $2\,000\,sec$ (voir le tableau 7.2), et trois pics de **TO** seulement, contre 13 cas de **TO** avec le premier modèle. Pour les trois cas de **TO** de la colonne **PLNE2** (def. param), nous avons calculé l'écart (colonne **Gap**) entre la solution retournée après la résolution, et la solution optimale (calculée avec une approche exacte). En observant la colonne **Gap** nous constatons que les solutions calculées en utilisant le modèle **PLNE2** (def. param) sont plus proches de leurs valeurs optimales respectives.

Nous remarquons de plus, que le deuxième modèle **PLNE** avec les paramètres personnalisés (**PLNE2** (cust. param)) est de loin plus performant que les deux autres modèles sur toutes les instances. Dans la section 7.3.7, nous explicitons le paramétrage optimisé utilisé dans le modèle **PLNE2**. Ainsi, dans la suite de notre étude comparative nous retiendrons ce modèle **PLNE** d'élicitation.

7.3.4. Approches hybrides : PPC+H et PLNE+H

A partir des résultats expérimentaux obtenus dans cette étude, il est intéressant de rappeler que la méthode gloutonne a capturé des solutions optimales dans plusieurs cas (voir la figure 7.2). De plus, même dans les cas où la solution optimale n'est pas atteinte, nous pouvons observer (sur la même figure) que la solution réalisable fournie est très proche de la solution optimale donnée par la méthode exacte. Nous proposons d'intégrer l'approche gloutonne dans les deux approches exactes (PPC et PLNE) afin de construire deux approches hybrides :

PPC+H Résolution du modèle PPC de la section 4.2.1 en injectant la solution gloutonne comme borne inférieure.

PLNE+H Résolution du modèle PLNE de la section 4.2.4 en injectant la solution gloutonne comme borne inférieure.

L'objectif étant d'améliorer les performances des approches exactes. Nous résumons ci-après les raisons motivant cette hybridation :

- La méthode gloutonne est notablement rapide ;
- Comme nous l'avons indiqué précédemment, la méthode gloutonne fournit (en général) une solution proche de l'optimalité, ce qui permet d'avoir rapidement une *borne inférieure* de bonne qualité. Une telle borne peut améliorer considérablement les performances des solveurs exacts.

Dans ce qui suit, nous avons cherché à mettre en valeur l'influence de la solution gloutonne sur le temps de résolution des approches exactes basées sur la PPC et la PLNE (voir les figures 7.4 et 7.5). Il ressort clairement de ces deux figures que les performances des approches exactes, en matière de résolution des problèmes, se sont nettement améliorées.

Cependant, nous remarquons, à partir des résultats numériques présentés sur le tableau 7.1 (colonnes T_{ppc} et T_{ppc+H}, instances #2, 9 et #15), que les temps de résolution de l'approche hybride (PPC+H) sont légèrement supérieurs aux temps de résolution de l'approche PPC sans

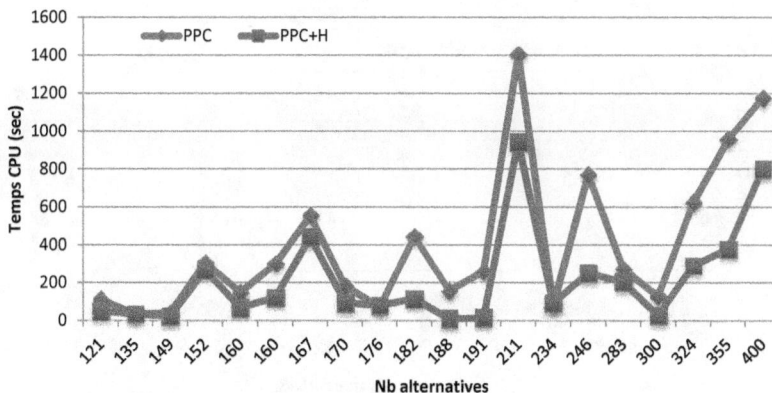

FIGURE 7.4.: Comparaison des temps CPU entre l'approche PPC et PPC + gloutonne.

l'heuristique. Ceci découle probablement du fait que le temps supplémentaire lié au traitement de la solution heuristique, est supérieur au gain apporté par cette solution sur le temps global de la résolution. Par contre, sur le reste des instances, l'approche PPC+H s'avère plus efficace, et le gain est parfois très significatif (voir le tableau 7.1, instances #15, 17 − 20).

De même, il est facile de voir à travers la figure 7.5, que pour les 10 premières instances, l'heuristique apporte une légère amélioration à l'approche PLNE. Ceci peut être du au fait que le temps de résolution n'est pas vraiment élevé. Dès lors, nous ne pouvons pas voir clairement l'influence de l'heuristique sur le temps de résolution. Par contre, l'approche PLNE tire bien profit de l'heuristique sur les instances où le temps de résolution est significatif (voir, par exemple, la dernière instance de la figure 7.5).

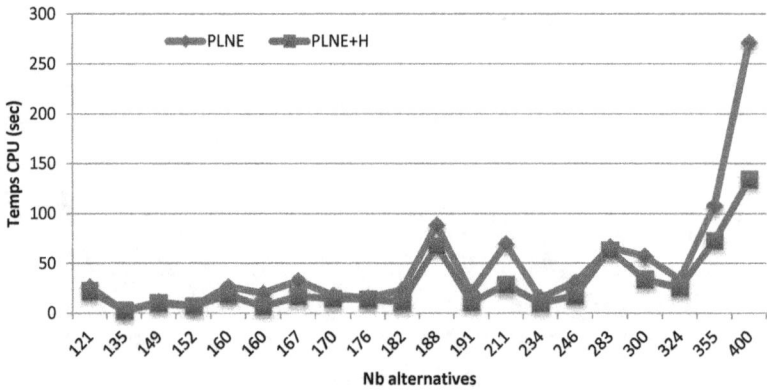

FIGURE 7.5.: Comparaison des temps CPU entre l'approche PLNE et PLNE + gloutonne.

7.3.5. Comparaison des approches exactes (PPC, PLNE et hybride)

Dans cette section, nous effectuons une étude comparative des résultats obtenus par nos approches exactes d'élicitation. Nous comparons, dans un premier temps, les approches d'élicitation basées sur la PPC et la PLNE (avec les paramètres par défaut de Cplex). La figure 7.6 montre que l'approche PPC s'avère intéressante par rapport à l'approche PLNE, car :

1. (1) sur les 20 instances, il n'y a qu'un seul pic de 1 400 *sec* (voir le tableau 7.1, instances #14), et donc aucun cas de TO (*timeout*) ne s'est manifesté ;

2. (2) tous les cas de TO ($\geq$ 1 heure) dans l'approche PLNE correspondent à des instances résolues en moins de 5 *mn* avec l'approche PPC (voir le tableau 7.1, instances #8, 14 et #16).

Notons aussi que les pics pour les deux approches ne sont pas au même endroit. Par exemple, avec l'approche PPC, l'instance #14 a été

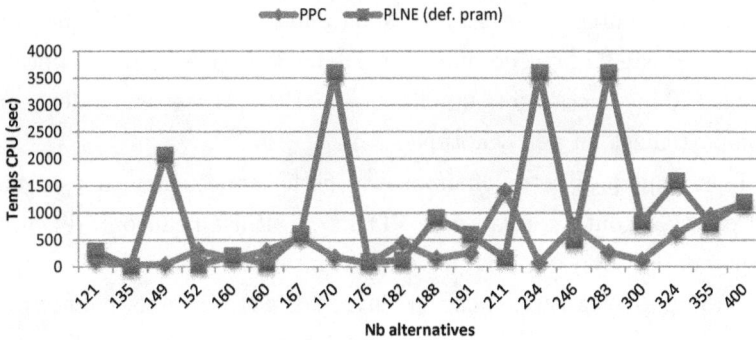

FIGURE 7.6.: Comparaison des performances des deux approches d'élicitation PPC et PLNE.

résolue en $1\,400\ sec$ (soit $23\,mn$). Par contre, avec l'approche PLNE, cette instance a été résolue en $\sim 3\,mn$ seulement.

Comparaison des approches hybrides

Nous comparons dans cette section les deux approches hybrides (i.e., PPC+H et PLNE+H). Dans cette comparaison nous retenons le meilleur modèle PLNE (basé sur la méthode de la somme pondérée), avec un paramétrage personnalisé du solveur Cplex. De même, nous avons examiné l'impact de certaines fonctionnalités du solveur CPO sur le temps de calcul (voir la section 7.3.7). La figure 7.7 illustre cette comparaison sous forme graphique.

A travers cette figure nous constatons que l'approche PLNE+H est plus performante que l'approche PPC+H sur toutes les instances, sauf pour l'instance #11 sur laquelle l'approche PPC+H est meilleure. Il est intéressant de noter que sur cette instance, l'approche PLNE (tableau 7.2 colonne PLNE2 (cust. param)/T_{plne}) est bien meilleure que l'approche PPC (tableau 7.1 colonne PPC/T_{ppc}). D'ailleurs, en comparant les valeurs indiquées dans les deux colonnes T_{plne} et T_{ppc}, nous constatons que l'approche PLNE (sans l'heuristique) est plus performante sur toutes les instances. Nous remarquons de plus, que l'approche PLNE+H présente un comportement presque toujours linéaire sur les 20 instances, alors que l'approche PPC+H met en évidence un comportement un peu chaotique.

Pour expliquer cette différence de performance, nous notons que Cplex est un outil spécialisé en PLNE, qui utilise beaucoup d'heuristiques et des coupes spécifiques et puissantes. La PPC est un outil plus général, permettant une mise en œuvre facile et une maintenance plus simple. En revanche, une des principales faiblesse de cet outil est la difficulté de prévoir ses performances sur un problème d'optimisation donné.

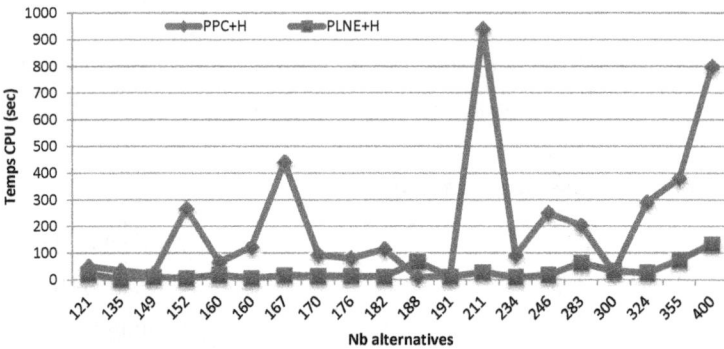

FIGURE 7.7.: Comparaison des performances des deux approches d'élicitation hybrides.

Comparaison des performances moyennes des différentes approches

Nous poursuivrons, dans cette section, notre étude comparative des différentes approches exactes d'élicitation. Nous présentons sur la figure 7.8 les temps de résolution moyens sur les 20 instances. Sur cette figure, l'histogramme PPC+H montre un temps de résolution moyen égal à 215 *sec*, contre 401 *sec* affiché par l'histogramme PPC, d'où un gain en terme de performance égal à 46%. En outre, l'histogramme PLNE+H indique un temps de calcul égal à 29, 3 *sec*, alors que l'histogramme PLNE[3] affiche 47, 1 *sec*. Ainsi, l'approche hybride apporte une amélioration des performances donnée autour de 38%.

En somme, nous constatons qu'en moyenne, l'approche PLNE est presque 9 fois plus performante que l'approche PPC, et que l'approche PLNE+H est 8 fois et demi plus performante que l'approche PPC+H.

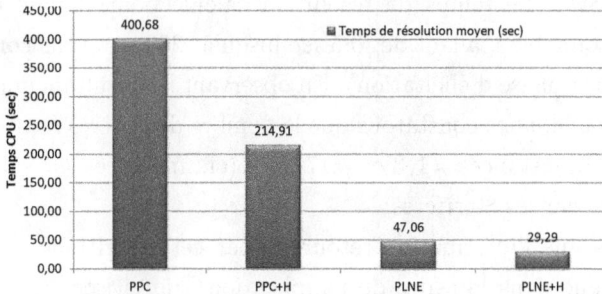

FIGURE 7.8.: Comparaison des performances des approches exactes d'élicitation.

7.3.6. Elicitation du sous-ensemble minimal de critères de décision

Jusqu'à présent, nous avons illustré et discuté les résultats de nos approches d'élicitation du paramètre de la méthode d'ordre lexicographique. Dans cette section, nous discutons une autre contribution qui consiste à déterminer le nombre minimal de critères de décision (voir la section 4.2.5). Cette information est calculée une fois que la permutation optimale entre les critères a été trouvée. Autrement dit, à partir de la permutation optimale entre les critères, calculée avec

---

3. Le modèle PLNE retenu ici est le modèle basé sur la méthode de la somme pondérée.

notre modèle d'élicitation, cet algorithme permet de sélectionner les k premiers critères tels que l'ordre lexicographique induit sur l'ensemble des alternatives respecte le même nombre de préférences. De plus, cet algorithme garantit que la valeur de k soit minimale. A cette fin, nous avons proposé un modèle d'optimisation (avec une fonction objectif minimisant k), développé dans le cadre de la programmation par contraintes (voir la section 4.2.5).

Les résultats expérimentaux sont présentés dans le tableau 7.1, colonne MSDC. Le temps de résolution calculé pour chaque instance était raisonnable[4], allant de $0.5\,sec$ jusqu'à $200\,sec$ (sans compter le temps de la phase d'élicitation). En observant les résultats donnés par cette colonne, nous constatons que le nombre de critères k est compris entre 3 (cf., instances $\#1, 3$ et $\#17$) et 6 (cf., instances $\#7$ et $\#13$) au maximum sur les 8 critères.

Notons que l'information retournée par cet algorithme a un intérêt pratique dans le cadre de l'application TripAdvisor. En effet, sur les 8 critères d'évaluation des hôtels, le décideur aimerait bien savoir quels sont les k premiers critères (de la permutation optimale) qui expliquent l'évaluation globale (l'attribution des étoiles). Il pourra ainsi améliorer l'évaluation de son hôtel en traitant chaque critère (parmi les k critères) par ordre de priorité (e.g., propreté, qualité de service, etc.).

7.3.7. Tuning des paramètres des solveurs CPO et Cplex

Les résultats des deux solveurs CPO et Cplex (voir les tableaux 7.1 et 7.2) ont été obtenus selon un paramétrage avancé. Suivant ces paramètres, nous avons réussi à améliorer les performances de résolution

---

4. Pour obtenir des performances meilleures, la solution trouvée dans la première étape d'optimisation (voir l'algorithme 7), est introduite dans la seconde étape d'optimisation. Toutefois, cette fonctionnalité est uniquement disponible dans les solveurs qui s'appuient sur la stratégie de recherche LNS *Large Neighborhood Search* [Ropke et Pisinger, 2006].

des deux solveurs.

- **Paramètres Cplex**

  Cplex a un certain nombre de caractéristiques sophistiquées qui améliorent considérablement les performances de résolution. Durant nos expérimentations, nous avons exploité les paramètres suivants :

  1. **Ordres de priorité** Ce paramètre permet de définir un ordre de priorité entre les variables de décision. Il permet d'attribuer une plus grande priorité aux variables de décision qui devraient être instanciées plutôt (i.e., setPriority(var, priority)).

  2. **Cutoff** L'activation de ce paramètre démarre la résolution avec des bornes inférieures (vs. supérieures) de bonne qualité. De ce fait, cette borne peut accélérer considérablement la procédure de résolution. Dans notre cas, ces valeurs sont obtenues à partir de la méthode heuristique (i.e., IloCplex : :CutLo).

  3. **Cuts** En général (et en particulier dans nos expérimentations), la désactivation des coupes inutiles ajoutées par Cplex permet d'accélérer les performances du solveur PLNE sur la plupart des problèmes (i.e., IloCplex : :FracCuts, -1).

  4. **Probing** Il permet de contrôler l'appel d'une procédure de fixation des variables binaires. Cette procédure est activée après l'étape de pré-résolution, mais avant la séparation/é-valuation (*Branch and Bound*). Ici, nous avons choisi de faire un appel intensif à cette procédure, améliorant sensiblement nos résultats (i.e., IloCplex : :Probe, 2).

  5. **Sélection des variables** Sur certaines instances difficiles, l'usage d'une séparation forte (*Strong Branching*) a été très utile (i.e., IloCplex : :VarSel, 3).

- **CP Optimizer**

  Il y a plusieurs paramètres qui peuvent améliorer considérablement les performances de CP-Optimizer. Dans ce qui suit, nous examinons, sans être exhaustif, quelques paramètres importants que nous avons exploités dans nos expérimentations.

  1. **Phases de recherche avec sélecteurs** Ce paramètre indique explicitement à l'algorithme de recherche les variables clés, et quelle variable doit être instanciée. Dans nos expérimentations, nous avons décidé de sélectionner des variables de décision ayant la plus petite taille de domaine (i.e., IloSearchPhase(..., IloSelectSmallest(IloDomainSize(env)), ...).

  2. **Niveaux d'inférence** Ce paramètre est utilisé pour réaliser plus de réduction sur les domaines, en changeant le niveau d'inférence de certaines contraintes spécialisées, par exemple, `All-different`, dans notre cas (i.e., IloCP : :AllDiffInferenceLevel,...).

  3. **Paramètres de recherche**
     - **Paramètre du type de recherche** Ce paramètre contrôle le type de recherche appliqué à un problème. Le type de recherche choisi est basé sur la stratégie de relance (`Restart`), conjointement avec deux autres paramètres, à savoir, la limite de l'échec (`Fail limit`) et le facteur de relance (`Restart grow factor`). La justification de notre choix est que la solution de départ (fournie par la méthode heuristique), ne peut être utilisée que par une recherche de type `Restart` ou `multi-point` (i.e., IloCP : :SearchType, DepthFirst, [Restart, RestartFailLimit, RestartGrowthFactor],...).
     - **Tolérance d'optimalité relative** Ce paramètre doit être manipulé avec précaution, surtout si nous voulons maintenir l'optimalité des solutions. Par exemple, si nous

voulons trouver une solution d'environ 1% de l'optimum, nous mettons la tolérance d'optimalité relative à 0.01. Toutefois, dans ce cas, le solveur ne prouve pas nécessairement l'optimalité, ni même l'absence d'une solution.

Il est intéressant de noter qu'il y a eu des travaux récents sur l'identification d'une configuration de paramètres qui permet d'obtenir des performances meilleures (cf. [Hutter *et al.*, 2010]). Cependant, les meilleures combinaisons de paramètres différents selon le type de problème, qui est bien sûr la raison pour laquelle ces choix de conception sont principalement donnés en paramètres.

7.3.8. Discussion

Nous avons mis en évidence la pertinence du coefficient de corrélation *rho* de Spearman exploité dans les deux méthodes heuristique et exacte, pour résoudre le problème d'élicitation des paramètres de la méthode d'optimisation multicritère d'ordre lexicographique. Nous avons montré que l'utilisation de la méthode heuristique en combinaison avec une méthode exacte est efficace, car elle bénéficie de la simplicité, la rapidité et l'efficacité de la borne inférieure fournie par la méthode heuristique.

Nous avons également présenté des résultats expérimentaux évaluant l'efficacité des approches proposées, portant sur des problèmes multicritères significatifs. Ces expérimentations ont été réalisées avec un paramétrage avancé, afin de diriger et d'accélérer les solveurs PPC et PLNE. Toutefois, la décision finale du choix entre une méthode heuristique ou exacte, s'appuie sur les exigences du décideur. La méthode heuristique est un excellent choix, si le décideur est à la recherche de solutions robustes et rapidement calculables. Sinon, le choix est d'employer les approches PPC et PLNE qui prouvent l'optimalité. Le troisième modèle PLNE (voir la section 4.2.4) utilisant un paramétrage optimisé (voir la section7.3.7) s'est avéré le plus performant.

Les conclusions expérimentales que nous venons de dresser sont relatives à la nature de la base de benchmarking TripAdvisor. Il serait intéressant d'expérimenter notre modèle sur d'autres bases de benchmarking, et voir dans quelle mesure nos conclusions expérimentales restent valables.

7.4. Elicitation pour les opérateurs OWA

Nous avons évalué expérimentalement notre modèle PLNE d'élicitation (voir l'algorithme 10) sur les instances de la base TripAdvisor[5]. Nous avons utilisé ce modèle pour éliciter les poids de la méthode de la moyenne pondérée ordonnée (OWA). Pour pouvoir tester et évaluer la qualité du modèle d'élicitation proposé, nous avons adopté le protocole expérimental suivant.

- Étant donnés :
  - Une base de benchmarking contenant 19 instances issues de l'application TripAdvisor. Chaque instance contient un ensemble fini d'alternatives $\mathcal{A}$, évaluées sur 8 critères.
  - Un vecteur de pondération w^0 choisi au hasard.
- Pour chaque instance :
  - Nous ordonnons totalement ses alternatives en utilisant la méthode OWA, avec w^0 comme vecteur de poids.
  - Nous générons l'ensemble de toutes les relations de préférence $\mathcal{P}$ avec la méthode $\text{OWA}_{w^0}(\mathcal{A})$. Pour une instance ayant m alternatives, nous avons au total $m(m-1)/2$ relations de préférence.
  - Nous extrayons quelques bases d'apprentissage, en tenant compte de 100%, respectivement, 90%, 80%, 60%, 40% et 10% de préférences fournies dans $\mathcal{P}$.
  - Nous lançons une résolution du modèle PLNE sur chaque base

---

5. Cette base est décrite dans la section 7.2.1.

d'apprentissage, afin d'éliciter le vecteur de pondération w (notre inconnu).

• Nous mesurons la qualité de l'élicitation sur chaque base. Dans ce but, nous calculons la somme des écarts entre les valeurs du vecteur w, et les valeurs du vecteur de référence w^0. Notons qu'un écart maximal correspond à la valeur 2, du moment que la somme des poids est égale à 1. Inversement, un écart proche de 0 est synonyme d'un bon apprentissage[6] (i.e., écart nul entre w et w^0).

• Enfin, nous utilisons la même configuration matérielle et logicielle donnée dans la section 7.2.2.

Les résultats de nos expériences sont présentés dans le tableau 7.3. Dans ce tableau les colonnes Pb#, Alt et Pref désignent respectivement le numéro de l'instance, le nombre d'alternatives, et le nombre total de préférences au niveau de chaque instance. Nous distinguons ensuite plusieurs colonnes, reportant des mesures sur la qualité d'apprentissage du vecteur de poids w. Cette mesure est donnée par la somme des écarts entre le vecteur de poids élicité w, et notre vecteur de référence w^0. Notons que chaque colonne reporte les résultats des tests sur une base de préférences ayant x % du nombre total de préférences figurant sur la colonne Pref, où $x \in \{100, 90, 80, 60, 40, 20, 10\}$. Notons que le temps de résolution pour chaque instance est de l'ordre de quelques millisecondes.

Pour analyser facilement les résultats obtenus, nous avons fourni une représentation graphique donnée par la figure 7.9. Les valeurs représentées sur l'axe des abscisses correspondent aux nombre d'alternatives dans chaque instance ; alors que les valeurs représentées sur l'axe des ordonnées correspondent à la somme des écarts par rapport au vecteur w^0, exprimée sous la forme d'un pourcentage : 0% corres-

---

6. Dans cette section, et dans le cadre de l'évaluation du modèle d'élicitation, nous interchangeons les termes apprentissage et élicitation. Néanmoins, dans les cas réels, nous n'avons pas un vecteur de poids de référence, et donc nous parlerons plus tôt de l'élicitation.

pond à un écart nul, 100% correspond à un écart maximal (i.e., 2), etc.

Sur cette figure, la première courbe (la plus en bas) représente les résultats des tests avec 100% des préférences issues de chaque instance. Aussi, la dernière courbe (la plus en haut) représente les résultats des tests avec 10% des préférences issues de chaque instance. Il n'est pas surprenant de voir, sur cette figure, que la première courbe a des écarts proches de 0% sur l'axe des ordonnées. De même, il est prévu d'avoir des écarts autour de 80% pour la dernière courbe. Cependant, l'intérêt de cette étude expérimentale consiste surtout à faire ressortir la limite entre les deux cas extrêmes.

Nous remarquons à travers la même figure que les courbes 60%, resp., $80 - 100\%$, sont au-dessous de 12% d'écart, ce qui signifie une bonne qualité d'élicitation. Par contre, à partir de 40%, nous constatons une dégradation de la qualité d'élicitation, donnant lieu à un écart significatif.

Maintenant, essayons de voir l'impact de la taille de l'instance (nombre d'alternatives) sur la qualité d'apprentissage. Pour cela, nous examinons les pics de la courbe 10% (celle qui a donné les mauvais résultats d'élicitation). En effet, nous pouvons voir facilement que la courbe 10% présente des pics sur les instances 5, 6 et 16. Trivialement, nous choisissons le pic pour lequel la taille de l'instance est minimale (i.e., 5e instance avec 152 alternatives). Ensuite, nous retenons la taille de l'instance qui se trouve juste avant (i.e., 4e avec 149 alternatives).

En somme, nous pouvons conclure que sur les 19 instances de la base TripAdvisor, l'approche d'élicitation a calculé des poids de bonne qualité avec 60% du nombre total de préférences. Cette qualité d'élicitation reste meilleure sur des instances ayant au minimum 149 alternatives.

Cependant, les conclusions expérimentales que nous venons de donner sont relatives à notre protocole expérimental qui dépend de trois facteurs :

- Choix initial des poids à apprendre.
- Nature des données de la base TripAdvisor.
- Nombre d'alternatives.

Les perspectives sur le plan expérimental doivent porter en premier lieu sur une étude détaillée du choix initial des poids pour évaluer de combien nos conclusions expérimentales restent valables. Puis, bien évidemment, il serait intéressant d'expérimenter notre modèle sur d'autres bases de benchmarking.

TABLE 7.3.: Résultats experimentaux d'élicitation pour les opérateurs OWA.

Pb#	Alt	Prefs	100%	90%	80%	60%	40%	20%	10%
1	121	4989	0,0631	0,046	0,046	0,068	0,409	1,494	1,498
2	135	5830	0,086	0,098	0,098	0,246	0,249	1,497	1,498
3	149	7897	0,033	0,033	0,057	0,121	0,266	1,184	1,496
4	152	6980	0,024	0,025	0,075	0,101	0,287	1,184	1,498
5	160	9499	0,011	0,077	0,035	0,211	0,622	1,494	0,824
6	160	9467	0,030	0,037	0,031	0,041	0,272	0,983	0,824
7	167	10300	0,031	0,040	0,105	0,247	0,522	1,524	1,498
8	170	10625	0,038	0,058	0,075	0,171	0,549	1,520	1,529
9	176	11287	0,017	0,058	0,109	0,114	0,287	1,036	1,498
10	182	11292	0,027	0,032	0,068	0,103	0,475	1,498	1,498
11	188	10437	0,015	0,037	0,048	0,132	0,224	0,807	1,508
12	191	12561	0,023	0,013	0,045	0,044	0,048	1,482	1,366
13	211	16543	0,009	0,012	0,013	0,012	0,038	0,463	1,383
14	234	13545	0,021	0,026	0,037	0,034	0,235	1,180	1,498
15	246	21423	0,014	0,011	0,031	0,083	0,964	1,580	1,580
16	283	22515	0,016	0,014	0,045	0,031	0,104	0,708	0,824
17	300	27385	0,006	0,005	0,018	0,050	0,341	0,551	1,104
18	324	25668	0,006	0,015	0,015	0,136	1,580	1,498	1,498
19	355	33543	0,006	0,011	0,013	0,083	1,580	1,580	1,580

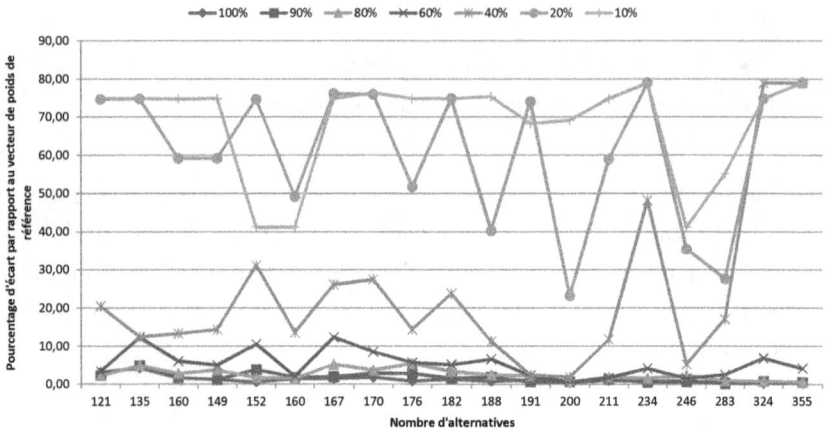

FIGURE 7.9.: Résultats empiriques de l'approche d'élicitation pour la méthode OWA.

7.5. Experimentation de l'algorithme Leximin++

L'algorithme Leximin++ proposé dans la section 6.3 a été testé sur les instances de la base TripAdvisor[7]. Pour réaliser nos expérimentations, nous avons utilisé la même configuration matérielle et logicielle décrite dans la section 7.2.2.

Dans un premier temps, nous avons examiné le comportement de l'algorithme proposé, avec et sans mécanisme de cassure de symétrie. Ainsi, nous avons comparé ces deux versions sur la base du nombre d'itérations nécessaires pour calculer la solution Leximin-optimale. Les résultats obtenus sont affichés dans la figure 7.10 où nous observons clairement que Leximin++ avec la technique de cassure de symétrie (histogrammes en bleu), trouve les solutions Leximin-optimales au plus tard après la deuxième itération. Par contre, sans mécanisme de cas-

---

7. Cette base est décrite dans la section 7.2.1.

sure de symétrie (histogrammes en rouge), notre algorithme capture la solution optimale avant la dernière itération dans 4 cas parmi les 20 instances.

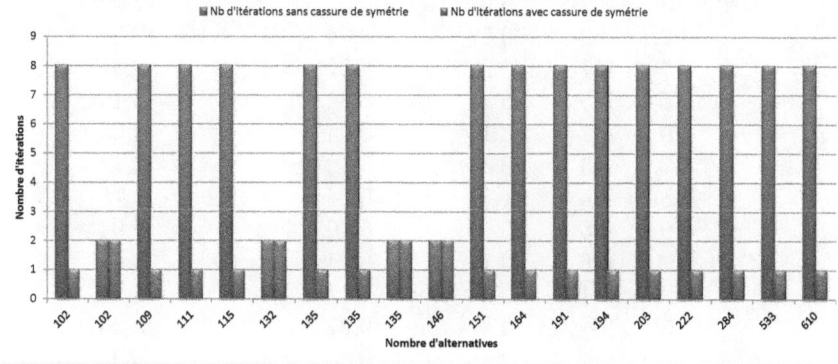

FIGURE 7.10.: Comparaison de Leximin++ et Leximin en terme de temps d'exécution.

Nous comparons dans un deuxième temps les performances de notre algorithme Leximin++, contre les performances de l'algorithme Leximin de base [Bouveret et Lemaître, 2009]. Nous présentons dans le tableau 7.4 les résultats obtenus sur les 20 instances. La signification des colonnes est donnée comme suit :

- Pb# : le numéro de l'instance (problème) ;
- Alt : le nombre d'alternatives pour chaque instance ;
- $T_{Leximin}$: le temps de résolution (en secondes) donné avec l'algorithme Leximin ;
- $T_{Leximin++}$: le temps de résolution (en secondes) donné avec l'algorithme Leximin++ ;
- Nb Iter : le nombre d'itérations après lesquelles Leximin++ trouve la solution Leximin-optimale ;
- Fact mult : le facteur multiplicatif calculé pour chaque instance.

TABLE 7.4.: Comparaison des performances de Leximin et Leximin++.

Pb#	Alt	$T_{Leximin}$	$T_{Leximin++}$	Nb Iter	Fact mult
1	102	0,28	0,02	1	13,80
3	102	0,04	0,02	2	2,25
2	109	0,52	0,04	1	13,00
4	111	0,20	0,07	1	2,91
5	115	0,31	0,06	1	5,10
6	132	0,10	0,04	2	2,55
7	135	0,81	0,12	1	6,73
8	135	1,10	0,08	1	13,75
9	135	0,47	0,16	2	2,94
11	146	0,12	0,04	2	3,00
10	151	0,53	0,11	1	4,78
12	164	0,37	0,07	1	5,26
13	191	0,15	0,05	1	3,04
14	194	0,36	0,06	1	5,93
15	203	0,43	0,08	1	5,34
16	222	0,49	0,03	1	16,43
17	284	0,71	0,07	1	10,17
18	533	0,44	0,07	1	6,27
19	610	0,38	0,06	1	6,40

En raison du temps de calcul supplémentaire consacré à la vérification de l'unicité de la solution, il importe de comparer le temps de résolution global des deux algorithmes. Nous illustrons le résultat de cette comparaison à travers la figure 7.11. En outre, nous reportons sur la colonne "Fact mult" du tableau 7.4, le facteur multiplicatif calculé après chaque expérience. Cette colonne permet d'avoir une idée concise sur les performances de notre nouvel algorithme Leximin++. La moyenne géométrique[8] de tous les facteurs multiplicatifs est égale à 5, 66. Ainsi, sur la base de benchmarking TripAdvisor, notre algorithme

---

8. Certains auteurs conseillent d'utiliser la moyenne géométrique car elle donne un résultat plus rigoureux étant donné que les valeurs sont des rapports. La formule de la moyenne géométrique MG de n nombres $x_1, ..., x_n$ est donnée par : $MG = \sqrt[n]{\prod_{i=1}^{n} x_i}$.

a un facteur de performance égal à 5, 66 par rapport à Leximin.

Les résultats expérimentaux que nous venons de présenter sont relatifs à la nature de la base de benchmarking TripAdvisor. Nous pensons que le nombre réduit des valeurs des différents critères, a favorisé l'apparition de plusieurs symétries dans l'espace des critères, expliquant ainsi les performances de Leximin++. Une perspective de ce travail est l'expérimentation de notre modèle sur d'autres bases de benchmarking, et voir dans quelle mesure nos conclusions restent valables.

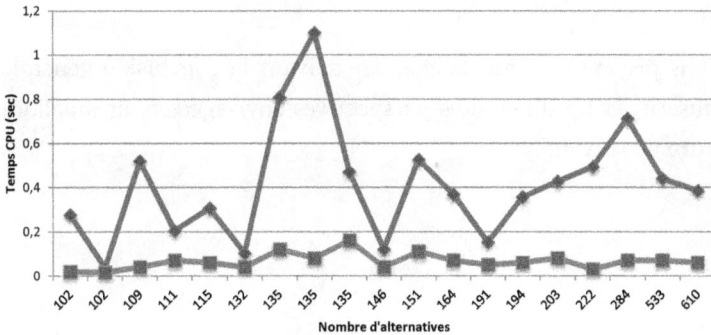

FIGURE 7.11.: Comparaison de Leximin++ et Leximin en terme de nombre de résolutions.

7.6. Conclusion

Dans ce chapitre, nous avons évalué et analysé les résultats expérimentaux des différentes approches proposées dans le cadre de cette thèse sur la base de benchmarking TripAdvisor.

Nous avons en particulier mis l'accent sur l'efficacité de l'approche gloutonne et l'approche PLNE pour l'élicitation de l'opérateur d'agrégation lexicographique. Nous avons aussi étudié les performances de notre modèle d'élicitation des opérateurs de somme pondérée.

7. Etude expérimentale

Par ailleurs, nous avons montré que notre nouvel algorithme Leximin++ permet de réduire le nombre d'itérations nécessaires pour calculer la solution Leximin-optimale; et d'avoir en conséquence un gain intéressant sur le temps global de résolution.

Les résultats expérimentaux que nous venons de présenter pour l'élicitation des paramètres ou pour l'algorithme Leximin++, sont relatifs à la nature de la base de benchmarking TripAdvisor. Une perspective de ce travail est l'expérimentation de notre modèle sur d'autres bases de benchmarking, et voir dans quelle mesure nos conclusions restent valables.

Nous présentons dans le chapitre suivant la conclusion générale du manuscrit, et les différentes perspectives envisagées pour améliorer et étendre ce travail.

Troisième partie .

Conclusion et perspectives

Cette page est laissée blanche intentionnellement

8. Conclusion et perspectives

8.1. Conclusion

Nous nous sommes intéressés à l'élicitation des paramètres des méthodes d'optimisation multicritère et l'amélioration de l'opérateur d'agrégation Leximin en PPC. Au niveau de l'élicitation, il s'agit de développer des approches exactes et gloutonnes qui permettent au décideur de traduire automatiquement ses préférences en des paramètres pour une méthode d'agrégation.

L'étude bibliographique nous a permis de mettre en lumière des méthodes d'agrégation multicritères, abordant le problème de prise de décision en présence de plusieurs critères souvent contradictoires et incomensurables. Cette étude a mis en évidence à la fois l'importance et les difficultés intrinsèques au choix de la méthode multicritère la plus adaptée à un problème multicritère donné, et aussi la nécessité de définir plus finement les paramètres adéquats. Nous avons aussi souligné les différents travaux appréhendant la problématique d'élicitation.

Contributions

Le point principal de cette thèse est la proposition des approches d'élicitation spécifiques à des méthodes multicritères utilisées dans la littérature, à savoir, la méthode lexicographique, la somme pondérée, Leximin et les opérateurs d'agrégation OWA. Traditionnellement, la résolution d'un problème multicritère avec une méthode d'agrégation (combinant tous les critères en un critère unique de synthèse) nécessite

211

des connaissances spécifiques du problème à traiter. Ces connaissances sont généralement introduites dans la méthode multicritère sous forme de paramètres. Dans cette optique, nous supposons que le décideur a mis à notre disposition ces connaissances sous forme d'informations préférentielles. Ensuite, notre but consiste à apprendre ces préférences pour pouvoir extraire de manière automatique les paramètres exacts (ou approchés) de la méthode multicritère.

Nous avons exploité la puissance des techniques de la programmation par contraintes, et la programmation linéaire en nombres entiers pour modéliser et résoudre de manière exacte des problèmes d'élicitation [Aribi et Lebbah, 2013b].

Notons que l'expressivité et l'efficacité des contraintes globales, nous ont permis d'avoir des modèles PPC compacts et concis. Ces modèles d'élicitation se distinguent par rapport à la littérature de l'élicitation (e.g., UTA et ses variantes [Jacquet-Lagreze et Siskos, 1982 ; Greco *et al.*, 2003 ; Figueira *et al.*, 2009], AHP [Saaty, 1980 ; Saaty, 2003], ARIADNE [Sage et White, 1984], [Wang et Boutilier, 2003]) par l'utilisation de l'opérateur de réification (section 3.2.5), les contraintes globales (section 3.2.3) et la résolution max-CSP (section 3.2.4). Nous avons utilisé l'opérateur de réification des contraintes pour construire un modèle max-CSP dont la résolution va fournir les paramètres de l'agrégateur qui respecteront au mieux les préférences. Même si nos modèles sont des problèmes d'optimisation combinatoire, nous avons obtenu de bons résultats dans nos expérimentations. Enfin, les modèles proposés ici sont plutôt complémentaires par rapport à la littérature courante. Un décideur pourrait exploiter nos modèles pour repérer le maximum de préférences qui pourraient être apprises avec un agrégateur (e.g., lexicographique, Leximin, OWA). Par la suite, la littérature courante pourrait lui fournir des caractérisations fines de l'agrégateur obtenu correctement paramétré.

Nous avons proposé des modèles d'élicitation pour trois opérateurs d'agrégation multicritère et nous avons proposé l'algorithme Leximin++ :

Elicitation de l'opérateur lexicographique Les deux démarches PPC et PLNE et la démarche gloutonne sont les plus aboutis de nos travaux. Le modèle PLNE linéarisant le modèle PPC, s'est avéré plus performant au niveau expérimental par rapport au modèle PPC.

La démarche gloutonne basée sur le coefficient *rho* de Spearman n'est pas optimale, mais s'est avérée très efficace. Son efficacité réside dans le fait qu'elle produise une solution qui est très proche de la solution exacte, avec un temps instantané d'exécution. En effet, l'approche basée sur le coefficient statistique *rho* de Spearman [Aribi et Lebbah, 2013d], vise à assurer un bon compromis entre robustesse et temps d'exécution.

Nous avons proposé une approche hybride qui consiste simplement à intégrer le coefficient statistique *rho* de Spearman dans les deux méthodes exactes (PPC et PLNE). L'obtention d'une bonne solution réalisable très tôt, a amélioré considérablement les performances de résolution des solveurs exacts.

Enfin, il va de soi que la décision finale du choix entre une méthode heuristique ou une méthode exacte, s'appuie sur les exigences du décideur. La méthode heuristique est un excellent choix, si le décideur est à la recherche de solutions robustes et rapidement calculables. Sinon, le choix le plus évident est d'employer l'approche exacte.

Elicitation de l'opérateur de la somme pondérée Pour la modélisation de la problématique d'élicitation des opérateurs de la somme pondérée et OWA, le choix d'une formulation PLNE était trivial en raison de la forme linéaire des contraintes d'élicitation. Deux heuristiques de modélisation sont proposées. La première adopte une mesure de violation des préférences en entrée via une norme. La deuxième favorise les préférences maximisant la relation de transitivité dans la relation globale des préférences en entrée. Nous avons expérimenté ce modèle pour mettre en évidence le nombre de préférences nécessaires pour réaliser une élicitation de bonne qualité. L'expérimentation faite sur la base TripAdvisor a montré le besoin à plus de 60% des préférences.

Elicitation de l'opérateur Leximin Nous avons fait la proposition d'un modèle d'élicitation des fonction d'utilité pour l'opérateur d'agrégation Leximin. Ce modèle consiste à trouver les valeurs des fonctions d'utilité individuelle en maximisant la satisfaction des préférences en entrée. La perspective immédiate de cette proposition est de l'évaluer expérimentalement sur la base TripAdvisor.

Algorithme Leximin++ En dehors du problème d'élicitation, nous nous sommes attachés à améliorer l'algorithme Leximin proposé dans le cadre de la programmation par contraintes. L'algorithme que nous avons proposé (i.e., Leximin++) permet de calculer la solution Leximin-optimale avec un minimum d'itérations. Les tests réalisés sur des instances réelles de l'application TripAdvisor ont montré que cet algorithme parvient à résoudre toutes les instances, et obtient des résultats encourageants et assez satisfaisants, surtout en présence de solutions symétriques.

8.2. Perspectives

Afin de poursuivre le présent travail, nous mettons en avant une forte ambition à travailler sur plusieurs perspectives immédiates :

1. Nous voulons étudier sur le plan théorique les différentes procédures d'élicitation faites autour de l'opérateur d'agrégation lexicographique. L'objectif étant d'expliquer sur le plan conceptuel les très bonnes performances de l'approche gloutonne et l'approche PLNE.

2. La deuxième perspective est l'évaluation expérimentale de notre

modèle d'élicitation des fonctions d'utilité pour l'opérateur d'agrégation Leximin.

3. Nous voudrons pousser plus loin nos expérimentations du modèle
   d'élicitation des poids des opérateurs de sommes pondérées, notamment en comparant ses performances par rapport aux autres
   approches d'élicitation des modèles additifs, en particulier les approches de type UTA. Justement, nous pensons que cette comparaison nous permettra d'hybrider entre notre approche linéaire
   de nature PPC (i.e., exploitant l'opérateur de réification et la
   résolution max-CSP), et les approches de la littérature qui sont
   orientées plus vers la programmation mathématique.

L'élicitation de l'opérateur d'agrégation via l'intégrale de Choquet
n'a pas été considérée dans cette thèse. Nous pensons que nous avons
capitalisé assez de matières pour pouvoir étendre et développer nos
travaux pour contribuer dans l'élicitation de la fonction capacité de
l'intégrale de Choquet.

D'après les résultats que nous avons obtenus dans [Aribi et Lebbah,
2013b ; Aribi et Lebbah, 2013a ; Aribi et Lebbah, 2013d], nous nous
sommes aperçus qu'il est souvent impossible de trouver un paramétrage adéquat, de telle sorte que l'application de la méthode multicritère respecte parfaitement les préférences du décideur.

Cette situation nous a incité à prospecter une démarche plus générale qui s'appuie sur les techniques de classification non supervisée [1]
(*clustering*) [Rajaraman et Ullman, 2011 ; Lebarbier et Mary-Huard,
2011]. Dés lors, au lieu d'appréhender le problème d'élicitation avec
une seule méthode multicritère et un seul paramétrage, nous proposons de partitionner l'espace réalisable en plusieurs sous-espaces (par-
titions, catégories ou groupes) homogènes, où chaque sous-espace sera

---

1. La classification non supervisée désigne un ensemble de méthodes ayant pour objectif de
dresser ou de retrouver une typologie existante caractérisant un ensemble de n observations, à
partir de p caractéristiques mesurées sur chacune des observations [Lebarbier et Mary-Huard,
2011].

215

8. Conclusion et perspectives

appréhendé avec la méthode multicritère et les paramètres les plus appropriés. Ainsi, le problème multicritère traité sera résolu par une méthode multicritère globale, i.e., en faisant coopérer les méthodes déterminées dans la phase d'élicitation.

Bibliographie

[Al Shalabi *et al.*, 2006] Luai Al Shalabi, Zyad Shaaban, et Basel Kasasbeh. Data mining: A preprocessing engine. *Journal of Computer Science*, 2(9):735–739, 2006.   *2 citations pages 90 et 118*

[Apt, 2003] K. Apt. *Principles of Constraint Programming*. Cambridge University Press, 2003.   *Cité page 83*

[Aribi et Lebbah, 2011] Noureddine Aribi et Yahia Lebbah. A leximin linear approach for solving multicriteria package upgradability problem. In *COSI 2011 - Colloque sur l'Optimisation et les Systèmes d'Information*, Guelma, Algérie, 2011.   *2 citations pages 125 et 165*

[Aribi et Lebbah, 2013a] Noureddine Aribi et Yahia Lebbah. Approches d'élicitation basées sur le coefficient de Spearman pour l'optimisation multicritère par ordre lexicographique. In *JFPC 2013 - Neuvièmes Journées Francophones de Programmation par Contraintes*, pages 51–60, Aix-en-Provence, France, 2013.   *Cité page 215*

[Aribi et Lebbah, 2013b] Noureddine Aribi et Yahia Lebbah. Exact approaches for parameter elicitation in lexicographic ordering. In *Algorithmic Decision Theory*, éditeurs Patrice Perny, Marc Pirlot, et Alexis Tsoukiàs, volume 8176 de *Lecture Notes in Computer Science*, pages 45–56. Springer Berlin Heidelberg, 2013.   *4 citations pages 16, 148, 212, et 215*

[Aribi et Lebbah, 2013c] Noureddine Aribi et Yahia Lebbah. Lexicographic ordering operator: approaches for parameter elicitation.

In *14ème Congrès de la Société Française de Recherche Opération-nelle et d'Aide à la Décision (ROADEF 2013)*, Troyes, France, 2013.
Cité page 16

[Aribi et Lebbah, 2013d] Noureddine Aribi et Yahia Lebbah. Statistical and constraint programming approaches for parameter elicitation in lexicographic ordering. In *Modeling Approaches and Algorithms for Advanced Computer Applications*, éditeurs Abdelmalek Amine, Otmane Ait Mohamed, et Ladjel Bellatreche, volume 488 de *Studies in Computational Intelligence*, pages 47–56. Springer International Publishing, 2013.   *4 citations pages 16, 146, 213, et 215*

[Beldiceanu *et al.*, 2007] Nicolas Beldiceanu, Mats Carlsson, Sophie Demassey, et Thierry Petit.   Global constraint catalogue: Past, present and future.   *Constraints*, 12(1):21–62, Mars 2007.
3 citations pages 17, 82, et 127

[Beliakov, 2003] G. Beliakov.   How to build aggregation operators from data. *International Journal of Intelligent Systems*, 18:903–923, 2003.   *3 citations pages 15, 102, et 145*

[Bessière, 1994] C. Bessière.   Arc-consistency and arc-consistency again. *Artificial Intelligence*, 65:179–190, 1994.   *Cité page 76*

[Bessière et Régin, 1996] Christian Bessière et Jean-Charles Régin. Mac and combined heuristics: Two reasons to forsake fc (and cbj ?) on hard problems. In *Principles and Practice of Constraint Programming — CP96*, éditeur EugeneC. Freuder, volume 1118 de *Lecture Notes in Computer Science*, pages 61–75. Springer Berlin Heidelberg, 1996.   *Cité page 79*

[Bistarelli *et al.*, 1997] Stefano Bistarelli, Ugo Montanari, et Francesca Rossi.   Semiring-based constraint satisfaction and optimization. *J. ACM*, 44(2):201–236, Mars 1997.   *Cité page 84*

[Bluman, 2008] Allan G. Bluman. *Elementary Statistics A Step by Step Approach Solutions Manual*.   McGraw-Hill Publishing Company, 7th édition, 2008.   *Cité page 93*

[Booth *et al.*, 2010] Richard Booth, Yann Chevaleyre, Jérôme Lang, Jérôme Mengin, et Chattrakul Sombattheera. Learning conditionally lexicographic preference relations. In *ECAI 2010 - 19th European Conference on Artificial Intelligence, Lisbon, Portugal, August 16-20, 2010, Proceedings*, pages 269–274, 2010.

3 citations pages 12, 66, et 102

[Boughanem *et al.*, 2007] Mohand Boughanem, Yannick Loiseau, et Henri Prade. Refining aggregation functions for improving document ranking in information retrieval. In *Proceedings of the 1st international conference on Scalable Uncertainty Management*, SUM '07, pages 255–267, Berlin, Heidelberg, 2007. Springer-Verlag.

Cité page 47

[Boutilier *et al.*, 2010] Craig Boutilier, Kevin Regan, et Paolo Viappiani. Simultaneous elicitation of preference features and utility. In *Proceedings of the Twenty-fourth AAAI Conference on Artificial Intelligence (AAAI-10)*, pages 1160–1167, Atlanta, GA, USA, July 2010. AAAI press.

2 citations pages 32 et 66

[Bouveret *et al.*, 2005] Sylvain Bouveret, Michel Lemaître, Hélène Fargier, et Jérôme Lang. Allocation of indivisible goods: a general model and some complexity results. In *AAMAS*, éditeurs Frank Dignum, Virginia Dignum, Sven Koenig, Sarit Kraus, Munindar P. Singh, et Michael Wooldridge, pages 1309–1310. ACM, 2005.

Cité page 46

[Bouveret et Lemaître, 2007] Sylvain Bouveret et Michel Lemaître. New constraint programming approaches for the computation of leximin-optimal solutions in constraint networks. In *IJCAI 2007, Proceedings of the 20th International Joint Conference on Artificial Intelligence, Hyderabad, India, January 6-12, 2007*, éditeur Manuela M. Veloso, pages 62–67, 2007.

2 citations pages 125 et 165

[Bouveret et Lemaître, 2009] Sylvain Bouveret et Michel Lemaître. Computing leximin-optimal solutions in

constraint networks. *Artif. Intell.*, 173(2):343–364, 2009.
6 citations pages 12, 19, 163, 165, 167, et 205

[Bouveret, 2007] Sylvain Bouveret. *Allocation et partage équitables de ressources indivisibles : modélisation, complexité et algorithmique.* PhD thesis, ONERA, IRIT et CNES / Université de Toulouse (ISAE), 2007. *Cité page 49*

[Bouyssou et Vincke, 2006] D. Bouyssou et Ph. Vincke. Relations binaires et modélisation des préférences. In *Concepts et méthodes pour l'aide à la décision, vol. 1 : outils de modélisation*, éditeurs D. Bouyssou, D. Dubois, M. Pirlot, et H. Prade, pages 71–109. Hermès, Paris, 2006. *Cité page 28*

[Brase et Brase, 2011] C.H. Brase et C.P. Brase. *Understandable Statistics: Concepts and Methods.* Cengage Learning, 2011.
2 citations pages 87 et 89

[Burkard *et al.*, 2009] Rainer Burkard, Mauro Dell'Amico, et Silvano Martello. *Assignment Problems.* Society for Industrial and Applied Mathematics, Philadelphia, PA, USA, 2009. *Cité page 33*

[C.Bessière *et al.*, 1999] C.Bessière, E. Freuder, et J.C. Régin. Using constraint metaknowledge to reduce arc consistency computation. *Artificial Intelligence*, 107:125–148, 1999. *Cité page 76*

[Chen et Popovich, 2002] P.Y. Chen et P.M. Popovich. *Correlation: parametric and nonparametric measures.* Numéro 137 à 139 dans Sage university papers series. no. 07-139. Sage Publications, 2002.
Cité page 94

[Chevaleyre *et al.*, 2006] Yann Chevaleyre, Paul E. Dunne, Ulle Endriss, Jérôme Lang, Michel Lemaître, Nicolas Maudet, Julian Padget, Steve Phelps, Juan A. Rodríguez-aguilar, et Paulo Sousa. Issues in multiagent resource allocation. *INFORMATICA*, 30:2006, 2006.
Cité page 49

[Corder et Foreman, 2009] G.W. Corder et D.I. Foreman. *Nonpara-metric Statistics for Non-Statisticians: A Step-By-Step Approach.* Wiley, 2009. *3 citations pages 91, 94, et 154*

[Cormen *et al.*, 2009] Thomas H. Cormen, Charles E. Leiserson, Ronald L. Rivest, et Clifford Stein. *Introduction to Algorithms, Third Edition.* The MIT Press, 3rd édition, 2009. *Cité page 37*

[Das et Dennis, 1997] I. Das et J.E. Dennis. A closer look at drawbacks of minimizing weighted sums of objectives for pareto set generation in multicriteria optimization problems. *Structural optimization*, 14(1):63–69, 1997. *Cité page 43*

[Dechter, 1990] Rina Dechter. Enhancement schemes for constraint processing: Backjumping, learning, and cutset decomposition. *Artif. Intell.*, 41(3):273–312, 1990. *Cité page 79*

[Delecroix *et al.*, 2012] Fabien Delecroix, Maxime Morge, et Fabien Delecroix. An algorithm for active learning of lexicographic preferences. In *Proc. of the workshop from Multiple Criteria Decision Aiding to Preference Learning*, éditeurs Marc Pirlot et Vincent Mousseau, pages 115–122, November 2012. *2 citations pages 32 et 66*

[Dhaenens, 2005] C. Dhaenens. *Optimisation Combinatoire Multi-Objectif : Apport des méthodes coopératives et contribution à l'extraction de connaissances.* Hdr, Université des Sciences et Technologie de Lille - Lille I, Octobre 2005. *2 citations pages 38 et 131*

[Ding *et al.*, 2009] Xiaowen Ding, Bing Liu, et Lei Zhang. Entity discovery and assignment for opinion mining applications. In *Proceedings of the 15th ACM SIGKDD International Conference on Knowledge Discovery and Data Mining*, KDD '09, pages 1125–1134, New York, NY, USA, 2009. ACM. *Cité page 181*

[Dombi *et al.*, 2007] József Dombi, Csanád Imreh, et Nándor Vincze. Learning lexicographic orders. *European Journal of Operational Research*, 183(2):748–756, 2007. *3 citations pages 12, 66, et 102*

[Dubois *et al.*, 1997] Didier Dubois, Hélène Fargier, et Henri Prade. *Beyond min aggregation in multicriteria decision: (ordered) weighted min, discri-min, leximin*, pages 181–192. Kluwer Academic Publishers, Norwell, MA, USA, 1997. *Cité page 47*

[Dubois et Fortemps, 1999] Didier Dubois et Philippe Fortemps. Computing improved optimal solutions to max-min flexible constraint satisfaction problems. *European Journal of Operational Research*, 118:95–126, 1999. *Cité page 33*

[Dubus, 2010] Jean-Philippe Dubus. *Prise de décision multiattribut avec le modèle GAI*. PhD thesis, 2010. Thèse de doctorat, LIP6. *3 citations pages 39, 51, et 52*

[Escoffier *et al.*, 2008] Bruno Escoffier, Jérôme Lang, et Meltem Öztürk. Single-peaked consistency and its complexity. In *Proceedings of the 2008 conference on ECAI 2008: 18th European Conference on Artificial Intelligence*, pages 366–370, Amsterdam, The Netherlands, The Netherlands, 2008. IOS Press. *2 citations pages 32 et 66*

[Fages, 1996] F. Fages. *Programmation logique par contraintes*. Ellipses Marketing, 1996. *Cité page 77*

[Felföldi et Kocsor, 2004] László Felföldi et András Kocsor. Ahp-based classifier combination. In *Pattern Recognition in Information Systems, Proceedings of the 4th International Workshop on Pattern Recognition in Information Systems, PRIS 2004, In conjunction with ICEIS 2004, Porto, Portugal, April 2004*, pages 45–58. INSTICC Press, 2004. *Cité page 64*

[Figueira *et al.*, 2009] José Rui Figueira, Salvatore Greco, et Roman Slowinski. Building a set of additive value functions representing a reference preorder and intensities of preference: Grip method. *European Journal of Operational Research*, 195(2):460–486, 2009. *4 citations pages 12, 63, 129, et 212*

[Foley, 1967] Duncan K. Foley. Resource allocation an the public sector. *Yale economic essays.*, 1967. *Cité page 49*

[Galand *et al.*, 2010] Lucie Galand, Patrice Perny, et Olivier Spanjaard. Choquet-based optimisation in multiobjective shortest path and spanning tree problems. *European Journal of Operational Research*, 204(2):303–315, 2010. *Cité page 57*

[Geoffrion, 1968] Arthur M Geoffrion. Proper efficiency and the theory of vector maximization. *Journal of Mathematical Analysis and Applications*, 22(3):618 – 630, 1968. *Cité page 38*

[Golden et Perny, 2010] Boris Golden et Patrice Perny. Infinite order lorenz dominance for fair multiagent optimization. In *AAMAS*, éditeurs Wiebe van der Hoek, Gal A. Kaminka, Yves Lespérance, Michael Luck, et Sandip Sen, pages 383–390. IFAAMAS, 2010. *Cité page 46*

[Gräbener et Berro, 2008] Tristram Gräbener et Alain Berro. Optimisation multiobjectif discrète par propagation de contraintes. In *JFPC 2008- Quatrièmes Journées Francophones de Programmation par Contraintes*, éditeur Gilles Trombettoni, pages 403–407, Nantes, France, 2008. LINA - Université de Nantes - Ecole des Mines de Nantes. *Cité page 11*

[Grabisch *et al.*, 1997] M. Grabisch, F. Guely, et P. Perny. *Évaluation subjective.* Les cahiers du Club CRIN - Association ECRIN, Paris, 1997. *2 citations pages 32 et 131*

[Grabisch *et al.*, 1998] Michel Grabisch, Sergei A. Orlovski, et Ronald R. Yager. *Fuzzy aggregation of numerical preferences*, pages 31–68. Kluwer Academic Publishers, Norwell, MA, USA, 1998. *Cité page 33*

[Grabisch *et al.*, 2008] Michel Grabisch, Ivan Kojadinovic, et Patrick Meyer. A review of methods for capacity identification in choquet integral based multi-attribute utility theory: Applications of the kappalab r package. *European Journal of Operational Research*, 186(2):766–785, 2008. *2 citations pages 64 et 65*

[Grabisch et Perny, 1999] M. Grabisch et P. Perny. Agrégation multicritère. In *Utilisations de la logique floue*, éditeurs B. Bouchon et C. Marsala. Hermès, 1999. *2 citations pages 46 et 56*

[Grabisch et Roubens, 2000] M. Grabisch et M. Roubens. Application of the Choquet integral in multicriteria decision making. In *Fuzzy Measures and Integrals - Theory and Applications*, éditeurs M. Grabisch, T. Murofushi, et M. Sugeno, pages 348–374. Physica Verlag, 2000. *Cité page 56*

[Grabisch, 2005a] Michel Grabisch. L'utilisation de l'intégrale de choquet en aide multicritère à la décision. *Newsletter of the European Working Group "Multicriteria Aid for Decisions"*, 3(14):5–10, 2005. *4 citations pages 56, 59, 60, et 61*

[Grabisch, 2005b] Michel Grabisch. Une approche constructive de la décision multicritère. *Traitement du Signal*, 22(4):321–337, 2005. *2 citations pages 27 et 31*

[Greco *et al.*, 2003] S. Greco, V. Mousseau, et R. Slowinski. Assessing a partial preorder of alternatives using ordinal regression and additive utility functions: A new uta method. In *58th Meeting of the EURO Working Group on MCDA*, pages 9–11, 2003. *4 citations pages 12, 63, 129, et 212*

[Han, 2005] Jiawei Han. *Data Mining: Concepts and Techniques*. Morgan Kaufmann Publishers Inc., San Francisco, CA, USA, 2005. *Cité page 90*

[Hentenryck *et al.*, 1992] P. Van Hentenryck, Y. Deville, et C.M. Teng. A generic arc-consistency algorithm and its specialisation. *Artificial Intelligence*, 57:291–321, 1992. *Cité page 76*

[Hentenryck, 1989] Pascal Van Hentenryck. *Constraint satisfaction in logic programming*. Logic programming. MIT Press, 1989. *2 citations pages 17 et 103*

[Hooker, 2012] J. Hooker. *Integrated Methods for Optimization*. International series in operations research & management science. Springer US, 2012. *3 citations pages 16, 108, et 111*

[Hutter *et al.*, 2010] Frank Hutter, Holger H. Hoos, et Kevin Leyton-Brown. Automated configuration of mixed integer programming solvers. In *CPAIOR*, éditeurs Andrea Lodi, Michela Milano, et Paolo Toth, volume 6140 de *Lecture Notes in Computer Science*, pages 186–202. Springer, 2010. *Cité page 199*

[Jacquet-Lagreze et Siskos, 1982] E. Jacquet-Lagreze et J. Siskos. Assessing a set of additive utility functions for multicriteria decision-making, the UTA method. *European Journal of Operational Research*, 10(2):151 – 164, 1982. *4 citations pages 12, 61, 129, et 212*

[Jacquet-Lagrèze et Siskos, 2001] Eric Jacquet-Lagrèze et Yannis Siskos. Preference disaggregation: 20 years of mcda experience. *European Journal of Operational Research*, 130(2):233–245, 2001. *Cité page 63*

[Jacquet-Lagrèze, 1990] Eric Jacquet-Lagrèze. Interactive assessment of preferences using holistic judgments: The prefcalc system. In *Readings in Multiple Criteria Decision Aid*, page 225–250. Springer, Berlin, 1990. *Cité page 12*

[Jain *et al.*, 2005] Anil Jain, Karthik Nandakumar, et Arun Ross. Score normalization in multimodal biometric systems. *Pattern Recogn.*, 38(12):2270–2285, Décembre 2005. *2 citations pages 90 et 118*

[Jee *et al.*, 2007] Kyung-Wook Jee, Daniel L McShan, et Benedick A Fraass. Lexicographic ordering: intuitive multicriteria optimization for imrt. *Physics in Medicine and Biology*, 52(7):1845, 2007. *Cité page 44*

[Keeney et Raiffa, 1976] R.L. Keeney et H. Raiffa. *Decision with Multiple Objectives*. Wiley, New York, 1976. *Cité page 31*

[Kendall, 1938] M. G. Kendall. A New Measure of Rank Correlation. *Biometrika*, 30(1/2):81–93, Juin 1938. *Cité page 87*

[Ko, 1993] I. Ko. *Using AI techniques and learning to solve multi-level knapsack problems.* PhD thesis, University of Colorado at Boulder, Boulder, CO, 1993. *Cité page 35*

[Kohli et Jedidi, 2007] Rajeev Kohli et Kamel Jedidi. Representation and inference of lexicographic preference models and their variants. *Marketing Science*, 26(3):380–399, 2007.

3 citations pages 12, 66, et 102

[Kostreva et al., 2004] Michael M. Kostreva, Wlodzimierz Ogryczak, et Adam Wierzbicki. Equitable aggregations and multiple criteria analysis. *European Journal of Operational Research*, 158(2):362–377, 2004. *Cité page 54*

[Land et Doig, 1960] A. H. Land et A. G. Doig. An automatic method of solving discrete programming problems. *Econometrica*, 28(3):pp. 497–520, 1960. *2 citations pages 86 et 155*

[Lawler et Wood, 1966] E. L. Lawler et D. E. Wood. Branch-and-bound methods: A survey. *Operations Research*, 14(4):699–719, 1966. *Cité page 72*

[Le Berre et al., 2012] Daniel Le Berre, Emmanuel Lonca, Pierre Marquis, et Anne Parrain. Optimisation multicritère pour la gestion de dépendances logicielles : utilisation de la norme de tchebycheff. In *18ième congrès francophone sur la Reconnaissance des Formes et l'Intelligence Artificielle (RFIA'12)*, jan 2012.

2 citations pages 11 et 44

[Lebarbier et Mary-Huard, 2011] E. Lebarbier et T. Mary-Huard. Classification non supervisée. Support de cours AgroParisTech, 2011. *Cité page 215*

[Lecoutre, 2013] C. Lecoutre. *Constraint Networks: Targeting Simplicity for Techniques and Algorithms.* ISTE. Wiley, 2013. *Cité page 73*

[Lesca et Perny, 2010] Julien Lesca et Patrice Perny. Lp solvable models for multiagent fair allocation problems. In *ECAI*, éditeurs Helder Coelho, Rudi Studer, et Michael Wooldridge, volume 215 de

Frontiers in Artificial Intelligence and Applications, pages 393–398. IOS Press, 2010.   *3 citations pages 46, 53, et 54*

[Lichtenstein et Slovic, 2006] S. Lichtenstein et P. Slovic. *The Construction of Preference*. Cambridge University Press, 2006.
Cité page 28

[Lipton *et al.*, 2004] R. J. Lipton, E. Markakis, E. Mossel, et A. Saberi. On approximately fair allocations of indivisible goods. In *Proceedings of the 5th ACM Conference on Electronic Commerce*, EC '04, pages 125–131, New York, NY, USA, 2004. ACM. *Cité page 50*

[Lukata et Teghem, 1997] Ulungu-Ekunda Lukata et Jacques Teghem. Solving multi-objective knapsack problem by a branch-and-bound procedure. In *Multicriteria Analysis*, éditeur João Clímaco, pages 269–278. Springer Berlin Heidelberg, 1997. *Cité page 35*

[Lumet, 2012] Charles Lumet. *Modélisation, représentation et résolution de problèmes de partage équitable de biens indivisibles soumis au risque*. PhD thesis, 2012. Thèse de doctorat dirigée par Lang, Jérôme et Bouveret, Sylvain Intelligence artificielle Toulouse, ISAE 2012. *Cité page 27*

[Luque *et al.*, 2010] Mariano Luque, Francisco Ruiz, et Ralph E. Steuer. Modified interactive chebyshev algorithm (mica) for convex multiobjective programming. *European Journal of Operational Research*, 204(3):557–564, 2010. *Cité page 52*

[Mackworth et Freuder, 1985] Alan K. Mackworth et E. C. Freuder. The complexity of some polynomial network consistency algorithms for constraint satisfaction problems. *Artificial Intelligence*, 25(1):65–74, 1985. *Cité page 76*

[Mancinelli *et al.*, 2006] Fabio Mancinelli, Jaap Boender, Roberto Di Cosmo, Jérôme Vouillon, Berke Durak, Xavier Leroy, et Ralf Treinen. Managing the complexity of large free and open source package-based software distributions. In *ASE 2006*,

pages 199–208, Tokyo, Japan, Septembre 2006. IEEE CS Press.
2 citations pages 125 et 165

[Maritz, 1995] J.S. Maritz. *Distribution-Free Statistical Methods.* Monographs on Statistics and Applied Probability. Chapman & Hall, 1995. *2 citations pages 88 et 92*

[Marler et Arora, 2004] R.T. Marler et J.S. Arora. Survey of multiobjective optimization methods for engineering. *Structural and Multidisciplinary Optimization*, 26:369–395, 2004. 10.1007/s00158-003-0368-6. *5 citations pages 11, 12, 44, 45, et 145*

[Messac *et al.*, 2000] A. Messac, J. E. Renaud, G. J. Sundararaj, et R. V. Tappeta. Ability of Objective Functions to Generate Points on Nonconvex Pareto Frontiers. *AIAA Journal*, 38:1084–1091, Juin 2000. *Cité page 43*

[Michel et Rueher, 2010] Claude Michel et Michel Rueher. Handling software upgradeability problems with milp solvers. In *LoCoCo*, éditeurs Inês Lynce et Ralf Treinen, volume 29 de *EPTCS*, pages 1–10, 2010. *2 citations pages 125 et 165*

[Michel, 2007] L. Michel. Décision multisource, August 2007. Notes de cours, ONERA, Centre de Toulouse. *2 citations pages 52 et 126*

[Mohr et Henderson, 1986] R. Mohr et T.C. Henderson. Arc and path consistency revised. *Artificial Intelligence*, 28:225–233, 1986. *Cité page 76*

[Montanari, 1974] Ugo Montanari. Networks of constraints: Fundamental properties and applications to picture processing. *Information Sciences*, 7:95–132, Janvier 1974. *Cité page 73*

[Moore, 2009] D.S. Moore. *The Basic Practice of Statistics.* W. H. Freeman, 2009. *Cité page 87*

[Morinaga *et al.*, 2002] Satoshi Morinaga, Kenji Yamanishi, Kenji Tateishi, et Toshikazu Fukushima. Mining product reputations on the web. In *Proceedings of the Eighth ACM SIGKDD International*

Conference on Knowledge Discovery and Data Mining, KDD '02, pages 341–349, New York, NY, USA, 2002. ACM.   *Cité page 181*

[Moulin, 1988] H. Moulin. *Axioms of co-operative decision making.* Econometric Society Monographs. Cambridge University Press, Cambridge, 1988.   *2 citations pages 125 et 165*

[Moulin, 1989] Hervi Moulin. *Axioms of Cooperative Decision Making.* Numéro 9780521360555 dans Cambridge Books. Cambridge University Press, 1989.   *2 citations pages 48 et 131*

[Moulin, 2004] H. Moulin. *Fair Division and Collective Welfare.* MIT Press, 2004.   *3 citations pages 33, 125, et 165*

[Nash, 1950] John Nash. The bargaining problem. *Econometrica*, 18(2):155–162, April 1950.   *Cité page 49*

[Neyman et Pearson, 1928] J. Neyman et E. S. Pearson. On the use and interpretation of certain test criteria for purposes of statistical inference part i. *Biometrika*, 20A(1-2):175–240, 1928.   *Cité page 89*

[Nguyen, 2013] Duy Van Nguyen. Global maximization of UTA functions in multi-objective optimization. *European Journal of Operational Research*, 228(2):397 – 404, 2013.   *Cité page 63*

[Nieto, 1992] Jorge Nieto. The lexicographic egalitarian solution on economic environments. *Social Choice and Welfare*, 9(3):203–212, 1992.   *2 citations pages 33 et 45*

[Ogryczak *et al.*, 2003] W. Ogryczak, T. Sliwinski, et Wierzbicki A. Fair resource allocation schemes and network dimensioning problems. *Journal of Telecommunications and Information Technology*, 3(1):34–42, 2003.   *Cité page 54*

[Ogryczak et Sliwinski, 2003] Wlodzimierz Ogryczak et Tomasz Sliwinski. On solving linear programs with the ordered weighted averaging objective. *European Journal of Operational Research*, 148(1):80–91, 2003.   *Cité page 53*

[Ogryczak et Sliwinski, 2006] Wlodzimierz Ogryczak et Tomasz Sliwinski. On direct methods for lexicographic min-max optimization. In *Computational Science and Its Applications - ICCSA 2006, International Conference, Glasgow, UK, May 8-11, 2006, Proceedings, Part III*, pages 802–811, 2006.   *Cité page 49*

[Oliva San Martin, 2004] Cristian David Oliva San Martin. *Techniques hybrides de propagation de contraintes et de programmation mathématique*. PhD thesis, 2004. Thèse de doctorat dirigée par Michelon, Philippe Informatique Avignon 2004.   *Cité page 85*

[Papadimitriou et Steiglitz, 1998] C.H. Papadimitriou et K. Steiglitz. *Combinatorial Optimization: Algorithms and Complexity*. Dover Books on Computer Science Series. Dover Publications, 1998.
Cité page 72

[Peter Y. Chen, 2004] Autumn D. Krauss Peter Y. Chen. *Pearson's Correlation Coefficient*, pages 808–811. SAGE Publications, Inc., 0 édition, 2004.   *Cité page 91*

[Popescu et Etzioni, 2005] Ana-Maria Popescu et Oren Etzioni. Extracting product features and opinions from reviews. In *Proceedings of the Conference on Human Language Technology and Empirical Methods in Natural Language Processing*, HLT '05, pages 339–346, Stroudsburg, PA, USA, 2005. Association for Computational Linguistics.   *Cité page 181*

[Prade, 2001] Henri Prade. Refinements of minimum-based ordering in between discrimin and leximin (Proc. 22nd Linz seminar on Fuzzy Sets Theory, Linz, 06/02/2001-10/02/2001). février 2001.
Cité page 47

[Puget, 1993] Jean-Francois Puget. On the satisfiability of symmetrical constrained satisfaction problems. In *ISMIS*, éditeurs Henryk Jan Komorowski et Zbigniew W. Ras, volume 689 de *Lecture Notes in Computer Science*, pages 350–361. Springer, 1993.
Cité page 172

[Rajaraman et Ullman, 2011] Anand Rajaraman et Jeffrey D Ullman. Mining of massive datasets. *Lecture Notes for Stanford CS345A Web Mining*, 30(3):328, 2011. *Cité page 215*

[Rawls, 1999] J. Rawls. *A Theory of Justice*. Oxford University Press, 1999. *Cité page 46*

[Refalo, 2000] Philippe Refalo. Linear formulation of constraint programming models and hybrid solvers. In *CP*, éditeur Rina Dechter, volume 1894 de *Lecture Notes in Computer Science*, pages 369–383. Springer, 2000. *3 citations pages 17, 108, et 111*

[Régin, 1994] Jean-Charles Régin. A filtering algorithm for constraints of difference in csps. In *AAAI*, éditeurs Barbara Hayes-Roth et Richard E. Korf, pages 362–367. AAAI Press / The MIT Press, 1994. *3 citations pages 17, 81, et 103*

[Régin, 2011] Jean-Charles Régin. *Global Constraints: a survey, in Hybrid Optimization, M. Milano and P. Van Hentenryck editors*, pages 63–134. Springer, 2011. *3 citations pages 17, 73, et 81*

[Roney-Dougal et al., 2004] Colva M Roney-Dougal, Ian P Gent, Tom Kelsey, et Steve Linton. Tractable symmetry breaking using restricted search trees. *ECAI*, 16:211, 2004. *Cité page 172*

[Ropke et Pisinger, 2006] Stefan Ropke et David Pisinger. An adaptive large neighborhood search heuristic for the pickup and delivery problem with time windows. *Transportation Science*, 40(4):455–472, 2006. *Cité page 196*

[Rossi et al., 2006] éditeurs F. Rossi, P. van Beek, et T. Walsh. *The Handbook of Constraint Programming*. Elsevier, 2006. *5 citations pages 16, 73, 82, 84, et 103*

[Roy et Bouyssou, 1993] B. Roy et D. Bouyssou. *Aide Multicritère à la Décision: Méthodes et Cas*. Collection gestion: Production et techniques quantitatives appliquées à la gestion. Économica, 1993. *Cité page 31*

[Roy et Bouyssou, 2002] B. Roy et D. Bouyssou. *Aiding Decisions with Multiple Criteria: Essays in Honor of Bernard Roy*. Internatio-nal Series in Operations Research & Management Science. Springer, 2002. *Cité page 32*

[Saaty, 1980] T. L. Saaty. *The Analytic Hierarchy Process*. McGraw-Hill, New York, 1980. *4 citations pages 13, 63, 129, et 212*

[Saaty, 2003] Thomas L. Saaty. Decision-making with the ahp: Why is the principal eigenvector necessary. *European Journal of Opera-tional Research*, 145(1):85–91, 2003. *2 citations pages 64 et 212*

[Sage et White, 1984] Andrew P. Sage et Chelsea C. White. Ariadne: A knowledge-based interactive system for planning and decision support. *IEEE Transactions on Systems, Man, and Cybernetics*, 14(1):35–47, 1984. *4 citations pages 13, 65, 129, et 212*

[Schaus *et al.*, 2007] Pierre Schaus, Yves Deville, Pierre Dupont, et Jean-Charles Régin. The deviation constraint. In *Integration of AI and OR Techniques in Constraint Programming for Combinato-rial Optimization Problems*, éditeurs Pascal Hentenryck et Laurence Wolsey, volume 4510 de *Lecture Notes in Computer Science*, pages 260–274. Springer Berlin Heidelberg, 2007. *2 citations pages 49 et 132*

[Schiex *et al.*, 1995] Thomas Schiex, Helene Fargier, et Gerard Ver-faillie. Valued constraint satisfaction problems: Hard and easy problems. In *Proceedings of the 14th International Joint Confe-rence on Artificial Intelligence - Volume 1*, IJCAI'95, pages 631–637, San Francisco, CA, USA, 1995. Morgan Kaufmann Publishers Inc. *Cité page 84*

[Schulte et Stuckey, 2008] Christian Schulte et Peter J. Stuckey. Ef-ficient constraint propagation engines. *Transactions on Pro-gramming Languages and Systems*, 31(1):2:1–2:43, Décembre 2008. *Cité page 75*

[Sedgewick et Wayne, 2011] Robert Sedgewick et Kevin Wayne. *Al-gorithms, 4th Edition*. Addison-Wesley, 2011. *Cité page 88*

[Sen et Foster, 1997] A.K. Sen et J.E. Foster. *On economic inequality.* Clarendon Press, Oxford, 1997. *Cité page 40*

[Steuer, 1983] Ralph E. Steuer. An interactive weighted tchebycheff procedure for multiple objective programming. *Mathematical Programming,* 26(1):326–344, 1983. *Cité page 52*

[Tabachnick et Fidell, 2006] Barbara G. Tabachnick et Linda S. Fidell. *Using Multivariate Statistics (5th Edition).* Allyn & Bacon, Inc., Needham Heights, MA, USA, 2006. *Cité page 156*

[Tack, 2009] Guido Tack. *Constraint Propagation - Models, Techniques, Implementation.* Phd thesis, Saarland University, Germany, 2009. *Cité page 75*

[Teghem, 2012] J. Teghem. *Recherche opérationnelle: Tome 1, Méthode d'optimisation.* Collection Recherches sciences. Ellipses Marketing, 2012. *Cité page 16*

[Trezentos *et al.*, 2010] Paulo Trezentos, Inês Lynce, et Arlindo L. Oliveira. Apt-pbo: solving the software dependency problem using pseudo-boolean optimization. In *ASE,* éditeurs Charles Pecheur, Jamie Andrews, et Elisabetta Di Nitto, pages 427–436. ACM, 2010. *2 citations pages 125 et 165*

[Vincent, 2003] Mousseau Vincent. *Elicitation des préférences pour l'aide multicritµere à la décision.* Habilitation à diriger des recherches, Université Paris Dauphine, Décembre 2003. *Cité page 66*

[Vincke, 1992] Ph. Vincke. *Multicriteria Decision-Aid.* J. Wiley, New York, 1992. *Cité page 131*

[Walsh, 2007] Toby Walsh. Breaking value symmetry. In *Principles and Practice of Constraint Programming - CP 2007,* éditeur Christian Bessière, volume 4741 de *Lecture Notes in Computer Science,* pages 880–887. Springer Berlin Heidelberg, 2007. *Cité page 172*

[Wang *et al.*, 2010] Hongning Wang, Yue Lu, et Chengxiang Zhai. Latent aspect rating analysis on review text data: A rating regression approach. In *Proceedings of the 16th ACM SIGKDD International Conference on Knowledge Discovery and Data Mining*, KDD '10, pages 783–792, New York, NY, USA, 2010. ACM.

2 citations pages 19 et 181

[Wang et Boutilier, 2003] Tianhan Wang et Craig Boutilier. Incremental utility elicitation with the minimax regret decision criterion. In *IJCAI-03, Proceedings of the Eighteenth International Joint Conference on Artificial Intelligence, Acapulco, Mexico, August 9-15, 2003*, pages 309–318. Morgan Kaufmann, 2003.

4 citations pages 13, 65, 129, et 212

[White *et al.*, 1984] Chelsea C. White, Andrew P. Sage, et Shigeru Dozono. A model of multiattribute decisionmaking and trade-off weight determination under uncertainty. *IEEE Transactions on Systems, Man, and Cybernetics*, 14(2):223–229, 1984. *Cité page 65*

[Wolsey, 1998] L.A. Wolsey. *Integer Programming*. A Wiley-Interscience publication. Wiley, 1998. *3 citations pages 71, 72, et 156*

[Xu *et al.*, 2007] Weichao Xu, Chunqi Chang, Yeung Sam Hung, S. K. Kwan, et Peter Chin Wan Fung. Order statistics correlation coefficient as a novel association measurement with applications to biosignal analysis. *IEEE Transactions on Signal Processing*, 55(12):5552–5563, 2007. *3 citations pages 88, 149, et 160*

[Yager, 1988] R.R. Yager. On ordered weighted averaging aggregation operators in multicriteria decisionmaking. *IEEE Transactions on Systems, Man and Cybernetics*, 18(1):183–190, 1988.

2 citations pages 33 et 52

[Zadeh, 1963] L. A. Zadeh. Optimality and Non-Scalar-Valued Performance Criteria. *IEEE Transactions on Automatic Control*, 8:59–60, 1963. *Cité page 43*

[Zar, 1972] Jerrold H. Zar. Significance testing of the spearman rank correlation coefficient. *Journal of the American Statistical Association*, 67(339):578–580, 1972. *3 citations pages 88, 151, et 156*

[Zheng, 2012] Jun Zheng. *Elicitation des Préférences pour des Modèles d'Agrégation basés sur des Points de référence : Algorithmes et Procédures.* These, Ecole Centrale Paris, Juin 2012. *Cité page 66*

[Zionts, 1988] Stanley Zionts. Multiple criteria mathematical programming: an updated overview and several approaches. In *Mathematical Models for Decision Support*, éditeurs Gautam Mitra, HarveyJ. Greenberg, FreerkA. Lootsma, MarcelJ. Rijkaert, et HansJ. Zimmermann, volume 48 de *NATO ASI Series*, pages 135–167. Springer Berlin Heidelberg, 1988. *Cité page 43*

Cette page est laissée blanche intentionnellement

Liste des figures

LISTE DES FIGURES

Liste des tableaux

Liste des algorithmes

Cette page est laissée blanche intentionnellement

Résumé

De nombreuses méthodes existent pour résoudre des problèmes d'optimisation multicritère, et il n'est pas aisé de choisir une méthode suffisamment adaptée à un problème multicritère donné. En effet, après le choix d'une méthode multicritère, différents paramètres (e.g. poids, fonctions d'utilité, etc.) doivent être déterminés, soit pour trouver la solution optimale (meilleur compromis) ou pour classer l'ensemble des solutions faisables (alternatives). Justement, vue cette difficulté pour fixer les paramètres, les méthodes d'élicitation sont utilisées pour aider le décideur dans cette tâche de fixation des paramètres. Par ailleurs, nous supposons que nous disposons d'un ensemble de solutions plausibles, et nous faisons aussi l'hypothèse de la disponibilité au préalable, des informations préférentielles obtenues après une interaction avec le décideur.

Dans la première contribution de ce travail, nous tirons profit d'une mesure statistique simple et rapidement calculable, à savoir, le coefficient de corrélation rho de Spearman, afin de développer une approche gloutonne (approchée), et deux approches exactes basées sur la programmation par contraintes (PPC) et la programmation linéaire en nombres entiers (PLNE). Ces méthodes sont ensuite utilisées pour éliciter automatiquement les paramètres appropriés de la méthode multicritère basée sur l'ordre lexicographique.

Nous proposons des modèles d'élicitation des paramètres pour d'autres méthodes multicritère, telles que la méthode Leximin issue de la théorie du choix social et du partage équitable, la méthode de la somme pondérée et les opérateurs OWA. Les modèles d'élicitation proposés s'appuient sur la résolution des problèmes max-CSP. Les paramètres que nous calculons, représentent la meilleure façon suivant laquelle la méthode choisie va restituer au mieux les préférences exprimées par le décideur.

D'autre part, nous proposons une variante de la méthode Leximin dans un cadre PPC, en intégrant un algorithme de cassure de symétrie avec de meilleures performances au niveau expérimental.

Enfin, des résultats empiriques sont présentés et discutés, dont le but est d'illustrer, évaluer et comparer l'efficacité des différentes approches proposées.

Mots clés : Elicitation, multicritère, lexicographique, Leximin, OWA, optimisation, multiobjectif, PPC, PLNE, Spearman.

Abstract

Many methods exist for solving multicriteria optimization problems, and it is not easy to choose the right method well adapted to a given multicriteria problem. Even after choosing a multicriteria method, various parameters (e.g. weight, utility functions, etc.) must be carefully determined either to find the optimal solution (best compromise) or to classify all feasible solutions (the set of alternatives). To overcome this potential difficulty, elicitation methods are used in order to help the decision maker to fix safely the parameters. Additionally, we assume that we have a set of feasible solutions, and we also make the assumption that we have prior information about the preferences of the decision maker, and we focus on how to use these information, rather than how to get them.

In the first contribution of this work, we take advantage of a simple and quickly computable statistical measure, namely, the Spearman rho correlation coefficient, to develop a greedy approach, and two exact approaches based on constraint programming (CP) and mixed integer programming (MIP). These methods are then used to automatically elicit the appropriate parameter of the lexicographic ordering method.

We also propose some elicitation models for some multicriteria methods, such as OWA operators, weighted sum method, and Leximin. These elicitation approaches are based on solving max-CSP models. The parameters that we calculate ensure the best way according to which the chosen method will capture the preferences expressed by the decision maker.

On the other hand, we propose a variant of a CP based model of

Leximin, including a symmetry breaking algorithm having a better experimental results.

Finally, empirical results are presented and discussed. The purpose of those experiments is to illustrate, evaluate and compare the effectiveness of our approaches.

Keywords: Elicitation, multicriteria, lexicographic, Leximin, OWA, optimization, multiobjective, CP, MIP, Spearman.

www.ingramcontent.com/pod-product-compliance
Lightning Source LLC
Chambersburg PA
CBHW021035210326
41598CB00016B/1029